零牌书系·大教育系列 ❷

兴国平川中学
"振荣杯"
"远谱杯"
作文大赛获奖
作品辑

那个被风吹过的夏天

NAGE
BEIFENG
CHUIGUO
DE
XIATIAN

刘小英 主编

中国商业出版社

图书在版编目（CIP）数据

那个被风吹过的夏天 / 刘小英主编. -- 北京：中国商业出版社，2020.1
ISBN 978-7-5208-1033-3

Ⅰ.①那… Ⅱ.①刘… Ⅲ.①作文－中学－选集 Ⅳ.①H194.5

中国版本图书馆CIP数据核字(2019)第271244号

责任编辑：杜 辉

中国商业出版社出版发行
010-63180647　www.c-cbook.com
（100053　北京广安门内报国寺1号）
新华书店经销
三河市长城印刷有限公司印刷

*

710毫米×1000毫米　16开　17印张　235千字
2020年1月第1版　2020年1月第1次印刷
定价：48.00元

* * * *

（如有印装质量问题可更换）

零牌书系·大教育系列编辑委员会

顾　问：祖林　怀海涛　赖福生

总　编：赵雅君

主　编：简惠宽

编　委：梁　莹　刘小英　吴诗美

　　　　赵兰芳　郑　然　刘爱英

本书责任主编：刘小英

我的平川情和兴国心

零牌书系·大教育系列《那个被风吹过的夏天》代序

陈祖林　兴国平川中学 1988 届校友、零牌顾问机构董事长

【提要】渐渐地我才发现，我是如此地热爱家乡，数十年来莫不如是——只是有很长一段时间我不承认而已，对兴国的显在认知也在不断地改变：曾经我认为兴国的社会缺乏阳光和温暖，事实上，我是在阳光和温暖中成长的，直到离开家乡；曾经我感慨父母生活不易，可就是在这样的环境中，父母的劳作、孩子们的努力、亲友和老师们的关怀，我们改变了自己的命运……

故土深情、报效祖国，平川和兴国是我自励前行的精神源泉

2018 年 12 月，在兴国平川中学第二届"远谱杯"大赛举行之际，也是"振荣杯""远谱杯"作文大赛第四年举办的时候，汇聚首届作文大赛优秀作品的《那个被风吹过的夏天》交付北京，作为零牌书系大教育系列的第二本书籍即将正式出版。

家乡恩泽学子成长，故土深情，不论我们少年时期有过怎样的经历，平川情和兴国心都是我们砥砺前行的精神源泉。

鲤鱼幻想跳龙门

曾经，我认为自己对兴国没有感情。

出身草根家庭，切身感受到父母生存艰难、持家不易。父母默默劳作、

日夜操劳，才勉强做到一家人有饭吃、有衣穿，孩子有书读，心底真正感受到"贫贱夫妻百事哀"的现实写照。

天空那轮明月，还有明月旁边的启明星，是我披星戴月求学路上的指引。我一边走一边仰望明月，仰望北斗，心静如月，期待有一天离开劳苦的农村、苦难的兴国，过上大城市有工作、吃商品粮的生活……

于兴国，我也谈不上喜欢，更谈不上感情，我只想离开兴国，跳出农门。

平川融入我的人生

对于平川中学，我却是一往情深。

考进平川中学是洪门地方所有家长对自家孩子的最大期待，而我，在三年级就有这个愿望。在我四年级那年，父亲在平川中学外面的马路旁开了一家饮食店。这样，每天我至少要往返四次，在平川中学每天早、中、晚三次广播声中，大喇叭里的音乐戏曲、新闻节目甚至是大会播音，陪我度过了五年小学时光。我从另外一种角度感知着世界，感知纯洁和美好。

时光如梭，很快小学毕业了，我以全乡第一名的成绩如愿考进了兴国第二中学（1985年恢复原名"兴国平川中学"）。这一脚迈进去，就是中学六年金色少年时光，少年心智渐开，看到越来越广阔的世界，看到了"鲤鱼跳龙门"的希望。

平川中学，有我花朵般的青童和少年时光，六年韶华，有我热爱的班级和老师，有小伙伴们各种各样的故事和记忆……六圈年轮，是我生命中刻骨铭心的经历；平川，是我今生最重要的组成部分。如此平川，我怎能不魂牵梦绕！

家庭际遇，感恩平川

父亲是1980年开始在平川中学开饮食店的，靠一个档口，早起晚睡、含辛茹苦地维持一家生计。不过，父亲乐观豁达，生活再艰难，他也是开动脑筋、积极应对、创新求变，想尽办法推出新品、招揽客人。记得有一年夏天，父亲推出绿豆糕——用绿豆粉做成的解暑美食。为了招揽生意，父亲在店外的小白板上用粉笔写了一首打油诗："哈哈哈，好消息。绿豆糕，放上糖……"朗朗上口的广告时至今日还有人记得呢。炸包子、炸馒头，也是父亲创造出的适销对路的新产品。

也许就是因为这样的境遇，父亲把全部的希望都寄托在我身上。让我考上大学是父母的"事业"，这个事业是阳光，是希望，足以支撑父亲和母亲克服一切艰难困苦，追求美好的未来。

1988年，我以全县第五名的成绩考入华中理工大学（现在的华中科技大学）。第一次离开家乡去武汉求学，我开始怀念中学生活，每天都回忆兴国的日子，每天晚上都在做梦，梦里梦外全是家人、老师和同学。

1995年，我已经在广州松下公司工作一年，有条件为父母提供生活费，父母完全放下了生活的重担，开始调理身体，进入晚年前期的生活状态。而我，刚刚立足社会，小荷初露尖尖角。

我未曾察觉已经扎根心底的另一种感恩之心。这个报恩的愿望，是在首届"振荣杯"成功举办之后的某一天才突然顿悟的，冥冥之中付诸了行动，以"振荣杯"和"远谱杯"作文大赛的形式。

异地他乡，开启职业生涯

我在广州松下的职业发展可谓顺风顺水：几乎每年都升职或升级，每年的收入都有可观的涨幅，学习机会特别多，到美国、日本、东南亚的出差机会也很多，又很受日方和中方领导的器重，在数千人的干部和员工队伍中非常有人气，是一个明星式的干部。我还在广州结了婚，落了户口，买了房，生了孩子……甚至在心里下了决心：这辈子就在松下干了。

在广州工作期间，有好几年我们都在番禺过年，难得的一次回家，也都是非常兴奋。越接近兴国，心里就越激动，一股说不清道不明的亲切和温暖从

心底涌起：又可以回到我朝思暮想的洪门了。

从未想过创业，却创业了

2001年春天，在美国短期工作之后回到广州，我毅然巅峰退隐，辞去了广州松下的高管工作，创立了"零牌专家组"，也就是零牌顾问机构的前身，开启了创业历程。激发我创业的，还是心底那份对于撰写文章、表达思想、惠己及人的热爱。我在非常短的时间内下定决心，追求自己喜欢的事业，而且要在35岁的时候"有所成就"，从此一发不可收拾。

从未想过做老师，余生却钟情于做"教书匠"

创业之前的30年时间里，我也从来没有想过要教书——做老师。2005年9月，当35岁的我获得华南理工大学工商管理学院颁发的正式聘书，迈上大学讲坛的时候，我才蓦然发现自己早已是"老师"了，除了企业给予的讲台和舞台，还有大学的教学阵地。

18年以来，零牌顾问机构已经发展成为国内具有特色的咨询培训公司，以帮助企业实现"一体化运营"，迈向世界级为服务定位，我们的教学足迹遍布美洲、亚洲和欧洲等。以"智力兴企产业报国"作为指引，"每登高必自卑"的谦虚胸怀和永续经营、如履薄冰的危机意识，让我时刻不敢松懈，唯有不断创新、与时俱进才能不辱使命。

不断培养和提携后辈、关心下一代为师之心，有那么一刻，我顿悟到这一切都与我的父母、平川中学、嘴巴上说自己"没有感情"的故乡兴国有关。正是父母、母校和家乡的恩泽，注入了我人生的多样化基因。

现在，我桃李满天下，零牌顾问机构第二代总经理和首席顾问顺利接班，我培养出的专家团队也活跃在企业界和大学MBA教学领域，做个"教书匠"成了我余生唯一的愿望。

曾经认为自己对兴国没感情，中年发现那颗兴国心

我对兴国的记忆，其实都停留在18岁之前，也就是1988年9月之前。虽然大学四年的暑假寒假都回兴国，20世纪90年代的兴国还是发展得很慢，几乎没有什么变化。我记忆中的兴国，老县城、老洪门、老平川，阡陌田埂、稻田水牛……

兴国，兴国在哪里？兴国是什么？兴国意味着什么？

兴国就是平川中学，兴国就是洪门，兴国就是爸爸妈妈姐姐妹妹，兴国就是老师同学，兴国就是亲人朋友、父老乡亲，兴国就是粉笼床、鱼丝、倒蒸红薯干，兴国就是我嘴里不变的乡音……

渐渐地我发现，我是如此地热爱兴国，数十年来莫不如是，只是有很长一段时间我不承认而已。对兴国的显在认知也在不断地改变：曾经我认为兴国的社会缺乏阳光和温暖，事实上，我是在阳光和温暖中成长的，直到离开家乡；曾经我感慨父母生活不易，可就是在这样的环境中，父母的劳作、孩子们的努力、亲友和老师们的关怀，我们改变了自己的命运……

终于有一天，我发现自己有一颗兴国心。

兴国并不美好，我们却是在美好中成长；兴国是美好的，我们却是在不美好中成熟。对于家乡一切的热爱，都是因为那颗兴国心。

借由这本《那个被风吹过的夏天》，向平川致敬、向兴国表白：我爱平川，我爱兴国！

零牌顾问机构的大教育情怀

零牌书系·大教育系列总序

赵雅君 零牌顾问机构总经理

大教育情怀·亲子教育

创立于 2001 年 4 月的零牌顾问机构，以服务中国企业、企业家和职业经理人为使命。零牌顾问机构的大教育情怀，萌芽于祖林老师的灵感，成长在祖国的大地。时任鸿智电器副总经理的马智玲女士在日本向祖林老师提议：

"祖林老师，要是您能带孩子们到海外学习就好了！走出国门、主题研修、全程教学、跨界碰撞，这对孩子们的视野和思维一定大有帮助。"

提这样建议的其实不止一位，这让我们萌发了策划亲子教育系列产品的念头。

2014 年 8 月，《日本·全球视野与国际化思维》首期国际亲子活动周成功举办，11 个家庭的 24 位亲子团友同赴日本，祖林老师亲自担任团长，我担任班主任，还聘请了广州外语外贸大学附属外语学校资深教师陈龙娟老师担任荣誉班主任，取得了圆满的效果。这意味着，零牌顾问机构的大教育事业正式开启。

2015 年，国际亲子活动周举办第二期，主题仍然是"全球视野与国际化思维"，不同的是，这次的团友中不仅有爸爸妈妈和孩子，还出现了爷爷奶奶。是啊，亲子岂止是中年人和少年儿童呢？还应该包括中年人和他们的父母。

2016 年，第三期国际亲子活动周的主题为"雪与自然"，也受到学员们的热烈欢迎，在新年之前尽享天伦之乐。

2017年8月，第四期国际亲子活动周的主题是"发现最美Singapore"，让孩子们感受到了不同文化、不同国度的人们与地球和谐相处在同一个美丽的花园式国家——新加坡。

2018年2月，第五期国际亲子活动周的主题是"浪遍普吉岛"，在最冷的季节到最温暖的赤道过个年。脑海中留下的是大海浪花、亲童戏水，还有那银铃般的笑声。

2018年8月，第六期国际亲子活动周的主题是"夏天到南半球过个冬"，在最热的时候来到新西兰。"好山好水好寂寞，青山绿水碧云天。"最美雪山中，孩子们的辩论赛让我们回味无穷……未来，零牌顾问机构的国际亲子活动周将拓展到俄罗斯、美国和英国等世界各地。

从服务于企业家和职业经理人，延伸到企业二代接班人培养和亲子教育，零牌顾问机构把大教育事业定位为自己的公益事业，不以营利为目的，以一己之力推动中国的素质教育，帮助中国孩子走向世界、迈步未来。

大教育情怀·素质教育

自2005年9月起，首席顾问祖林老师被聘为华南理工大学工商管理学院兼职教师，感谢华南理工大学的信任和认可，零牌人怀海涛老师、陆久刚老师、张帆老师、赵雅君老师、梁莹老师……陆续走上了大学的讲台，承担起《组织行为与组织变革》《企业运营管理》《从精益生产到世界级制造》等课程的教学任务。在学校教学时，我们偶尔也会带孩子踏入课堂旁听，让工商管理教育不仅撒播于企业家和职业经理人，也播种在下一代。

2012年至今，祖林教授担任了三年中山大学高等继续教育学院CLP全球跨界学习总裁研修项目导师，全面策划和组织了整套课程及其教学，受到学员和企业的一致好评。

零牌顾问机构曾服务于华南理工大学、中山大学、清华大学、华中科技

大学、南昌大学、武汉大学……勤奋的零牌人非常珍惜这来之不易的机会,唯有用扎实的实践和学识,才能真正帮助回到大学里接受继续发展教育的企业家和职业经理人学员。

十多年来,零牌人逐步体会到自己所从事的是改变人、塑造人的事业,是崇高的教育事业。不仅对企业有良好的经济效益,而且对国家有长远的人文效益。这是造福社会、功德无量的善事,也是惠及学员、福泽后人的善举。

国际亲子活动周的成功创办,为零牌顾问机构的大教育事业提供了丰富的经验,我们的大教育情怀有了现实的载体。

大教育情怀·关怀教育

2015年9月,以黄振荣老师(初中班主任)和谢远谱老师(高中班主任)共同冠名,祖林老师在母校江西兴国平川中学捐设了十年的"振荣杯"和"远谱杯"作文大赛,至今已各成功举办一届;2016年3月,受华南师范大学附属幼儿园邀请,我们为老师们做了《爱与沟通》的专题培训;2016年7月,受番禺仲元实验学校邀请,我们为孩子们分享了关于阅读的心得;2018年11月,组织番禺仲元实验学校的部分孩子一起参观丰田汽车工厂,让工商管理教育在孩子们的脑袋中播种……就这样,零牌顾问机构的大教育事业徐徐开启。

想了,就去做;做了,就成了——这就是"零牌词典"中的"心想事成"。

2016年12月,零牌顾问机构启动了《迪声悠扬——00后陈启迪的成长轨迹》一书的编辑工作,作者陈启迪是祖林老师的大女儿,这本书由启迪在6-11岁期间撰写的作文、日记、习作和公开发表的作品汇编而成,共145篇计14万字。从童言童语到风中物语,既有正式的书面语言,又不失诙谐幽默;既有幻想和现实的唯美世界,又有沉重的心灵思考——《迪声悠扬》承载着00后的成长轨迹,是00后的一个标本,又似乎是中国21世纪儿童的非典型素描。

零牌书系·大教育系列以倡导素质教育、襄助孩子成长为宗旨,涵盖个人成长、亲子教育、名师著作和师生情谊等四大方面，作者来自零牌顾问机构的员工及其家属、亲友、母校和客户，是继国际亲子活动周之后的又一公益事业。

不但要有一日三餐，还要有诗和远方。通过商业活动为国家创造经济贡献，也经由大教育活动服务于社会公益，零牌顾问机构的大教育事业就是这样一种情怀。

以《迪声悠扬》出版为标志，我们希望零牌书系·大教育系列能够推动周围的素质教育，拉动身边孩子的健康成长。智力兴企、产业报国，零牌顾问机构的大教育事业，只是以公益的形式将我们的使命向前推进了一步。

感谢18年来支持零牌顾问机构的客户和亲友，零牌人的大教育情怀将引领我们走向诗和远方。

2018 年 12 月 22 日广州

前言

一路成长、自由回顾,这是兴国平川中学"振荣杯"和"远谱杯"作文大赛的可贵之处,虽然每年都有主题设定,怎样表达却是随心的,毫无应试的压力。更可贵的是,文字是成长路上珍贵的印痕,一番回顾所写下的文字如时光机一般,带我们走回过去,一句句话语、一篇篇文章如镜子般折射出曾经的自己,见证青涩的模样、成长的轨迹和前行的道路。

四年时光,四年大赛。本书不但汇聚了首届"振荣杯"和首届"远谱杯"作文大赛的优秀获奖作品,还回顾了黄振荣和谢远谱两位名师的人生事迹,展示了正在平川就读的少男少女们的世界,以及今日平川以语文组老师为代表的教师风貌。

第一篇以《开创兴国平川中学校友文化新篇章》为主题,有关于"振荣杯"和"远谱杯"作文大赛的整体介绍,有首届"振荣杯"、首届"远谱杯"作文大赛获奖名单及优秀指导老师简介,有何桂连和杨丽婷两位一等奖获得者的感言,还有时任校长王炳华老师为获奖作品集撰写的后记和跋,从各个角度反映了作文大赛产生的校园影响。

何桂连说:"于我而言,作品《路》的获奖不仅是对作品的认可,更是对我'不断向前走'这一信念的认可。"

第二篇《师道无声》记录了冠名教师黄振荣和他的弟子们数十年的真挚情怀,《生命中的贵人——我和黄振荣老师的一世情缘》《黄振荣老师的四种角色》《一生执着为诗书》……毕业二三十年后学生们执笔怀念中学恩师,仍然非常动情。"中学六年,是改变我人生轨迹的六年!……对我帮助最大、印象最深的中学老师,是整整做了我初中三年班主任的黄振荣老师。""老师的德才品行,他的人格魅力,一如那香樟清气,浸渍着我的人生。"……退休多年之后还有学生铭记,以"振荣"冠名作文大赛也就花开自然了。

谢远谱老师英年早逝,令人惋惜。第三篇《师恩难忘》是学生、家长和孩子深切怀念冠名教师谢远谱老师的文章,《恩师谢远谱——奔五之际体味青涩年华的一生影响》《手持喊话器上课的人》《创造人生的关键事件》《难忘的背影》……"谢远谱老师一身正气,钻研技术、业绩突出,他言传身教、率先垂范,深深地吸引、感染和熏陶着一届又一届平川学子,在青涩年华、青春萌动、蓬勃成长的高中阶段,谢远谱老师对同学们的人格塑造起到了正心、塑形和启智的关键作用。"

第四篇是2015年首届"振荣杯"作文大赛部分获奖作品,本届主题为《事·刻骨铭心的求学一二事》,16岁的孩子于稚嫩中开始成熟,18岁的青春蠢蠢欲动、挣扎求飞,从同学们一段段风格各异的文字中读到的一个个感人的故事,让60后、70后、80后和90后的每一位读者,似乎都可以从中看到自己的影子。

"路,在青色迷雾中张开大口吞噬掉我们小小的身躯,引导我们通往山脚'繁华'小村庄的学校里去,不时惊起几只野鸡,不时吓跑几只野猫。这时,小妹(姑且如此称道)与我便发出咯咯笑声,心满意足风驰电掣般朝山下奔去。"这是首届"振荣杯"作文大赛一等奖作品中的一段。作者何桂连还写道:"路,只有一条,通往亘古不变的方向。我们的路,也只有一条,那就是——

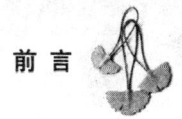

前言

离开这条路。"

恰巧，祖林老师在本书代序《我的平川情和兴国心》文中写道："于兴国，我也谈不上喜欢，更谈不上感情，我只想离开兴国，跳出农门。"读书改变命运的求学之志跃然纸上，而这恰恰是大多数农村学子报效祖国的起点。文之所以感人，大概是因为诸如此类的各种心灵共鸣吧。

第五篇收录的是2016年首届"远谱杯"作文大赛部分获奖作品，本届主题为《师·最难忘的中小学恩师》，参与作文大赛的都是高中学生，虽然大多数回忆的是小学老师或初中老师，跃然纸上的教师形象却朴实而真切，获奖作品中不乏成熟之笔。

"犹记得你读张洁的《我的四季》：'一个人要是能够期待，就能够全力以赴。'那坚定的声音，我从来不敢忘记，那时的盛夏，梧桐落下一地清凉的绿意，铺垫我们一起走过的光影。现在想起来，我们一起走过的时光，就像一席暖暖的烟雨，点点洒在花前，我的眉间。"这是2018年4月4日零牌顾问机构祖林、赵雅君、刘小英和赵兰芳老师一行四人参加第二届"振荣杯"作文大赛颁奖仪式时朗诵获奖作品片段，声情并茂、扣人心弦，获奖作品的文学之美感染了在场的每一位师生、校友和来宾。

第六篇《情爱深深》收录了兴国县人民政府和教育局领导、冠名教师黄振荣、时任平川中学校长和校友陈祖林对兴国平川中学"振荣杯"和"远谱杯"作文大赛的祝贺和寄语，情意浓浓。"红土兴国，将军故里，人文荟萃，华章璀璨……作文大赛硕果累累，佳作连连，言身边事，铭恩师情，激发了莘莘学子的创作热情。这些潜在的文学种子已破土而出，我相信，有园丁的精心培养，他们将来定可成参天栋梁。"

四年来，"振荣杯""远谱杯"作文大赛成为平川校园一年一度的盛事，颁奖仪式成为平川一景，一本又一本获奖作品集滋润学子心田，一届又一届获奖

学子迈入大学深造。恰逢2019新年之际,汇聚冠名教师风采、平川师生情学子情和部分获奖作品出版,实现了大赛捐设者的又一个心愿,零牌顾问机构的大教育情怀书写了意义非凡的新笔。

在本书付梓之际,衷心感谢兴国平川中学前校长王炳华老师、现任校长李忠明老师、副校长杨彩根老师以及大赛组委会和语文组所有老师的大力支持和无私付出,感谢黄振荣老师对大赛的关注和支持。

愿本书的出版,给平川校园增添一缕花色清香。愿"振荣杯""远谱杯"作文大赛成为新时期平川生本教育一年一度的集体佳作!

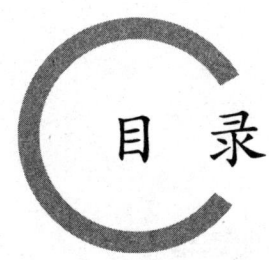

目录

第一篇 开创兴国平川中学校友文化新篇章 / 1
　　——关于"振荣杯"和"远谱杯"作文大赛

关于"振荣杯"和"远谱杯"作文大赛 / 2
芬芳四溢、香飘十年 / 5
兴国平川中学首届"振荣杯"作文大赛获奖名单 / 6
兴国平川中学首届"振荣杯"作文大赛 / 9
人生之路，书写自己的精彩 / 12
一群讲故事的人 / 14
兴国平川中学首届"远谱杯"作文大赛获奖名单 / 17
2016年兴国平川中学首届"远谱杯"作文大赛 / 21
感恩之心，珍惜每一段缘分 / 24
铭恩感怀，不忘初心 / 26

第二篇 师道无声 / 28
　　——冠名教师黄振荣和他的弟子们

"振荣杯"冠名教师黄振荣老师简介 / 29
生命中的贵人 / 30
黄振荣老师的四种角色 / 33
铭记师恩 努力前行 / 35
相赞 / 37

七律 / 37
忆恩师 盼聚首 / 38
难忘母校 感恩师恩 / 40
一生执着为诗书 / 43
先生 / 45
《先生》附记 / 47

第三篇　师恩难忘 / 49
　　——怀念冠名教师谢远谱

谢远谱，平川中学众多普通教师的杰出代表 / 50
恩师谢远谱 / 52
父亲记忆 / 64
手持喊话器上课的人 / 67
创造人生的关键事件 / 72
难忘的背影 / 74
祖林的老师 / 76

第四篇　刻骨铭心的求学一二事 / 79
　　——2015年首届"振荣杯"作文大赛获奖作品选

一等奖 /80
在路上 / 80
路 / 84

二等奖 /87
陪伴九年的味道 / 87
于贫瘠处绽放 / 90
长大 / 93
萌芽 / 96

三等奖 /99

清晨的曙光 / 99

多少烟雨付途中 / 102

刻骨求学涯　铭心一二事 / 104

求学路上的那些事儿 / 108

生命与文艺的碰撞 / 111

掌上开花 / 115

优秀奖 /118

天涯未远　江湖再见 / 118

成长的蓝色水珠 / 121

当说到刻骨铭心时我想到的 / 124

挨　骂 / 127

永不斑驳的时光 / 131

半暖时光 / 135

流金的墨迹·岁月的芬芳 / 138

那条路，那个人 / 140

第五篇　最难忘的中小学恩师 / 143

——2016年首届"远谱杯"作文大赛获奖作品选

一等奖 /144

恩德如峰 / 144

不敢把君忘 / 148

二等奖 /152

老黄的老老黄 / 152

老善的背影 / 155

唯念师恩 / 160

有朋自远方来 / 163

三等奖 /169

清风徐徐 / 169
岁月的童话·忆恩师篇 / 172
你好，米伽罗 / 177
轻的人生，淡的幸福 / 181
秋思 / 184
当年情 / 188

优秀奖 /193

江南水，师生情 / 193
就想这样静静听着你的声音 / 197
师生之情，难忘于心 / 201
开一树芬芳繁花，结它个桃李满园 / 204
那盏明灯，仍在 / 210
沐忆·恩师 / 213
霜枝几许花 / 218
难忘，那些年，那个人 / 222

新蕾奖（其余略）/225

那个被风吹过的夏天，她来过 / 225

第六篇　情爱深深 / 231
——寄语"振荣杯"和"远谱杯"作文大赛

学而不厌，诲人不倦，福泽学子 / 232
一路前行尽阳光，心如玫瑰自芬芳 / 234
谁言寸草心，报得三春晖 / 237
点燃文学激情，放飞青春梦想 / 241
勤学努力，行效楷模 / 243

后　记　在路上，遇见最美的自己与风景 / 245

第一篇

开创兴国平川中学校友文化新篇章
——关于"振荣杯"和"远谱杯"作文大赛

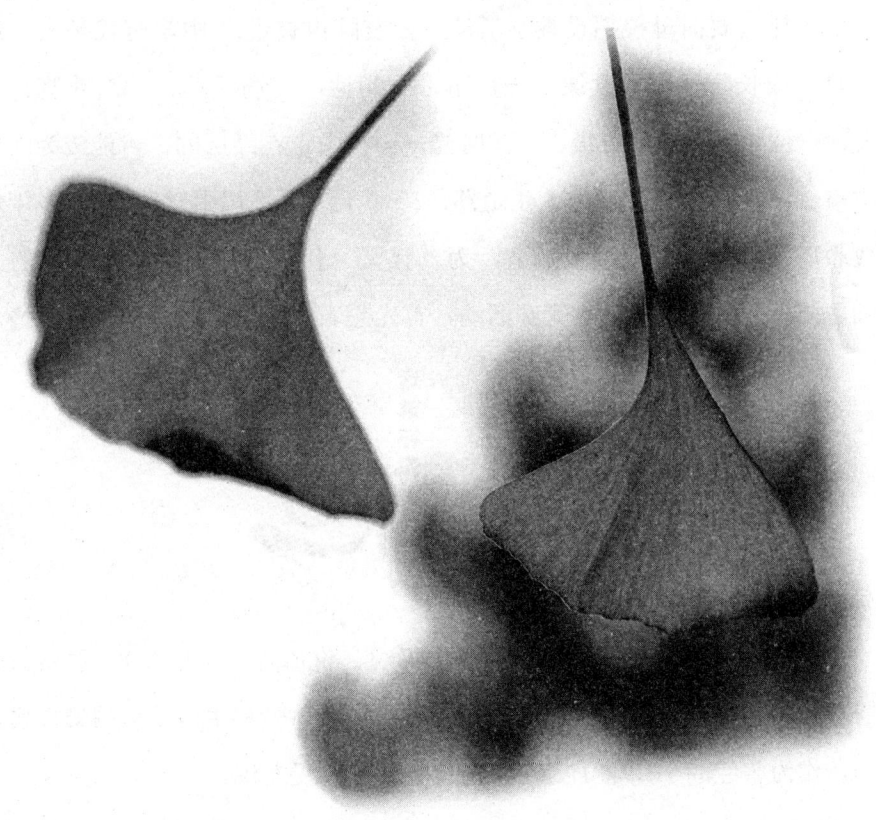

关于"振荣杯"和"远谱杯"作文大赛

兴国平川中学"振荣杯"和"远谱杯"作文大赛组委会

2015年8月，校友陈祖林先生给时任平川中学校长的王炳华老师打电话，表达了以黄振荣和谢远谱两位老师的名字冠名、捐设十年校园作文大赛的想法，得到了王炳华老师的赞同，陈祖林校友给母校发函，正式提出了上述建议。当年10月，首届"振荣杯"作文大赛正式启动，2016年3月5日，首届"振荣杯"作文大赛颁奖仪式隆重举行。

为什么要向母校捐设教学活动？校友陈祖林说："中学时代是人生最重要的身心成长阶段，一堂课、一件事、一句话，一场活动、一次获奖、一场冲突，一位老师、一个班级、三年时光……初中正在经历的，可能成为人生的关键事件，正在改变今后的人生道路。感怀于兴国平川中学建校90多年来，无数教职工对平川学子殷殷哺育，为一代又一代国家建设者奠定良好的人生基础，回母校平川捐设教学竞赛活动，首先想表达对母校教育的感恩之情。"

为什么捐设作文竞赛？

文以载道。写作能力集三观（世界观、价值观、人生观）、洞察力、审美情趣和文字表达等于一体，是职业发展、生活体验和生命质量的最重要素质之一，作为曾经的平川学子之一，校友陈祖林感受尤深。

第一篇 开创兴国平川中学校友文化新篇章

中国文化博大精深,平川中学有深厚的国学底蕴。设立作文大赛,期待引导在校平川学子在日益商业化和国际化的社会环境中珍惜宝贵的中学时光,重视国学,提高写作能力,培养写作习惯,陶冶高尚情操。

为什么要冠名"振荣杯"和"远谱杯"?

"振荣"取自曾经任教平川的优秀语文教师兼班主任黄振荣先生的名字,"远谱"取自曾经任教平川的优秀班主任兼物理教师谢远谱先生的名字。两位老师都是改革开放以来平川众多普通教师的杰出代表,其学而不厌、诲人不倦的教育精神,曾经福及一届又一届学子。

黄振荣老师已经退休,正在安享晚年;谢远谱老师英年早逝,令人惋惜。两位老师是兴国教育界的普通劳动者,却得到遍布全国乃至海外诸多平川学子的崇敬和景仰,经过征求黄振荣老师本人以及谢远谱老师家属的意见,他们均同意将此次在兴国平川中学捐设的作文竞赛冠名"振荣杯"和"远谱杯"。

桃李无言,下自成蹊。陈祖林校友说:"以非常平凡的两位老师的名字捐设作文竞赛,借此表达对母校平川历代平凡教育工作者的感恩和敬意,也期待以此树立标杆,激励在校教职工爱岗敬业,光大平川教育精神。"

"振荣杯"和"远谱杯"作文大赛共设十年(2015—2024年),其中奇数年份(2015年、2017年、2019年、2021年和2023年)冠名"振荣杯",偶数年份(2016年、2018年、2020年、2022年和2024年)冠名"远谱杯"。大赛每年9月启动,10月实施,11月评选,12月出获奖结果并编辑优秀作品汇编,次年3月第一个周六日举行颁奖仪式。

十年时间,说短不短,说长不长。作文大赛组委会的老师们进行了精心策划,每年一个主题(见下表),10年渐成体系。

年份	冠名	主题	主题说明
2015	振荣杯	事	刻骨铭心的求学一二事
2016	远谱杯	师	最难忘的中小学恩师
2017	振荣杯	时	逝不再来·青少进行时
2018	远谱杯	校	我心深处的平川中学

续表

2019	振荣杯	家	真言·我的父亲母亲
2020	远谱杯	界	站高望远·我眼里的广阔世界
2021	振荣杯	窗	正在经历的同学情
2022	远谱杯	言	语言的力量·改变我行为轨迹的一句话
2023	振荣杯	梦	春苗茁壮·我理想
2024	远谱杯	国	现实体验到的祖国

如今,大赛已经举办三年,一批又一批获奖作品、优秀指导教师和优秀班主任出炉,每年的赛事成为校园令人期待的大事,每届大赛的获奖作品集在全校师生中发行,平川校园的语文学习氛围正在积极地发生着时代性的改变。

一年一度的作文大赛颁奖仪式成为平川校园的盛事,黄振荣老师及其亲属、谢远谱老师家属、众多平川校友和各界来宾亲临母校,为获奖同学、老师颁奖,优秀校友与获奖同学座谈交流,平川校园洋溢着活力、国学、尊师、爱校和感恩的气息。

是的,"振荣杯"和"远谱杯"只是代表和符号,是兴国平川中学卓越教育实践获得社会认可的一个缩影。2017年,平川中学又有了校友捐设的"杨尚满班"百万奖学金,这再次证明:平凡岗位、默默奉献,每一位普通教师的辛勤耕耘都会得到学子和社会的铭记和回馈。相信在平川的历史长河中将不断涌现出诸多以普通教师命名的各种校友捐助活动,平川的校友文化将更加蓬勃兴盛、多彩多姿。

芬芳四溢、香飘十年

在兴国平川中学2016年教师节老教师座谈会上的讲话

黄振荣　兴国平川中学退休教师

金秋九月，丰收平川。希望的田野上，梦想终于结穗！平川中学今年高考放了一颗"量子卫星"：肖朝军同学勇夺市理科状元，肖朝军、李林、凌亮优、胡忠林4位同学分别被清华大学和北京大学录取，66名同学荣登"985"金榜，126名同学喜接"211"佳音，1460名平川儿女录取二本以上高校。明天，他们将肩负红土地的荣光和重托，挥别母校，再登征途！这在兴国平川中学的历史上是别开生面、史无前例的。

还值得一提的是，首届"振荣杯"作文大赛58名获奖作者中有27人为高三同学，这27位获奖同学全部考上大学，除一位未填报志愿继续复读外，26人全部迈进大学校园深造。

事实证明，首届"振荣杯"作文大赛的举办，并没有影响同学们的正常学习，正常学习与学余竞赛并不矛盾。甚至可以说，作文大赛的成功举办让同学们有了一次对学习、学校、师生和人生进行自我回顾和思考的机会，在某种程度上加强了感恩之心、促进了文学素养、端正了学习态度、激发了学习动力，所有高三获奖同学绝大部分考上大学，取得了竞赛和升学双丰收！

这得益于校领导和组委会全局统筹，秉持认真负责的务实态度，充分发挥师生民主参与、精心组织、科学调度、合理安排，使"振荣杯"作文大赛与正常教学相辅相成、相得益彰。相信有校领导的大力支持和全校师生的积极参与，"振荣杯"和"远谱杯"作文大赛，将在平川校史上芬芳四溢、香飘十年！

兴国平川中学首届"振荣杯"作文大赛获奖名单

举办时间：2015年10月

征文主题：刻骨铭心的求学一二事

颁奖时间：2016年3月5日

一等奖

序号	学生姓名	班级	作品名称	指导老师	班主任
1	邹秦辉	高三（24）班	在路上	刘启红	
2	何桂连	高三（19）班	路	刘文华	

二等奖

序号	学生姓名	班级	作品名称	指导老师	班主任
3	曾明强	高三（27）班	陪伴九年的味道	刘立刚	
4	刘祚梅	高三（36）班	于贫瘠处绽放	蓝兆沛	
5	曾国珍	高一（21）班	长大	谢军	
6	邓顺华	高二（18）班	萌芽	沈训文	

三等奖

序号	学生姓名	班级	作品名称	指导老师	班主任
7	李佳媛	高三（17）班	清晨的曙光	杨彩根	
8	廖继勋	高三（8）班	多少烟雨付途中	滕梅云	
9	刘康	高三（17）班	刻骨求学涯，铭心一二事	杨彩根	
10	刘芳	高一（27）班	求学路上的那些事儿	钟恩桦	
11	钟雨晴	高二（10）班	生命与文艺的碰撞	曾丽萍	
12	刘薇	高二（23）班	掌上开花	沈训文	

优秀奖

序号	学生姓名	班级	作品名称	指导老师	班主任
13	刘 燕	高三（30）班	天涯未远，江湖再见	钟传松	
14	廖景曦	高三（17）班	成长的蓝色水珠	杨彩根	
15	郭 炜	高三（15）班	当说到刻骨铭心时我想到的	滕梅云	
16	崔 磊	高三（19）班	挨骂	刘文华	
17	王 宁	高三（19）班	永不斑驳的时光	刘文华	
18	方 清	高三（18）班	半暖时光	王海萍	
19	朱雨然	高一（20）班	流金的墨迹·岁月的芬芳	谢小荣	
20	肖伟丽	高二（22）班	那条路，那个人	康金平	

新蕾奖

序号	学生姓名	班级	作品名称	指导老师	班主任
21	陈颖港	高三（17）班	未成新句，一砚梨花雨	杨彩根	
22	林琛越	高三（7）班	时间站台	王海萍	
23	黄信达	高三（15）班	岁月的童话	滕梅云	
24	温小珊	高三（15）班	道阻且长	滕梅云	
25	钟雨轩	高三（18）班	梦回醉暖	王海萍	
26	江 鹏	高三（24）班	无畏前行	刘启红	
27	蔡 麒	高三（19）班	囚徒	刘文华	
28	黄文昕	高三（17）班	凌晨一点	滕梅云	
29	王经林	高三（15）班	星空·梦	滕梅云	
30	李鹏飞	高三（18）班	我的梦	王海萍	
31	郭山茳	高三（20）班	交响曲	邱欣发	
32	钟 琪	高三（19）班	盒中有光	刘文华	
33	邱小茜	高三（19）班	路遇白鹭	刘文华	
34	汪鸿群	高三（18）班	岁月浅歌	王海萍	
35	黄 娟	高一（24）班	十六岁那年——求学	江 雪	

36	钟飞林	高一（28）班	白杨树下的泪滴	熊桂玉	
37	刘伟	高一（23）班	曾经这样走过	刘红梅	
38	黄慧芳	高一（22）班	笛声悠扬	刘红梅	
39	刘祚洲	高一（23）班	雄关漫道，梦为马	刘红梅	
40	刘艳	高一（22）班	那段疯狂的青春岁月，叫初三	刘红梅	
41	张艳	高一（21）班	我的"苦学果"	谢军	
42	邓春燕	高一（19）班	贝壳	谢军	
43	杨丽婷	高一（21）班	如果没有你	谢军	
44	钟菁	高一（13）班	求学深处，不负韶光	钟恩桦	
45	钟思雨	高一（13）班	走在路上	钟恩桦	
46	黄建	高一（25）班	回首往昔	江雪	
47	欧阳国	高一（23）班	追风少年	刘红梅	
48	陈淑贞	高二（10）班	酒心回忆	曾丽萍	
49	肖露露	高二（10）班	谁，惊艳了时光	曾丽萍	
50	周嵩	高二（18）班	冬日暖阳	沈训文	
51	王君	高二（18）班	读书，竟如此深沉	沈训文	
52	王邦根	高二（9）班	纵使岁月老去，情怀依旧	余冬冬	
53	曾海荣	高二（9）班	他夏了夏天	余冬冬	
54	邱千	高二（10）班	解不开的结	曾丽萍	
55	方敏慧	高二（22）班	求学路上的春夏秋冬	康金平	
56	钟婷	高二（19）班	师恩，难忘于心	李晓辉	
57	钟健	高二（21）班	买书	邓斐	
58	赖远珺	高二（11）班	求学路上的"背包客"	邓良钰	

兴国平川中学首届"振荣杯"作文大赛

优秀指导老师简介

杨彩根 高级教师，江西省首批高中语文学科带头人，江西省第三届教育督导评估专家，首届"振荣杯"作文大赛获奖者李佳媛、刘康的指导教师。从教32年，抱定宗旨，砥砺前行，始终用对学生的爱心、对教育事业的忠心、对自己的信心以及适应教育现代化发展的上进心去做好教育教学工作。

刘文华 高级教师，首届"振荣杯"获奖学生何桂连、王宁和首届"远谱杯"获奖学生徐鹏的指导老师。从教20年，长期践行"知识—思维—思想"三位一体的教学理念，注重对学生综合语文素养的培养，形成了自我开放而严谨的教学风格。

刘启红 兴国平川中学语文教师，热爱篮球运动，生活中追求"平常中有热爱，平静中有天地"的自我世界，喜欢"行以致远，务实兴邦"的朴实名言。在10年的语文教学中，逐渐领悟了"世事洞明皆学问，人情练达即文章"的真谛，因此在教学上提倡"语文即是生活，生活即是语文"的思想，力图改变中学生对语文的偏见或漠视。语文与生活，且行且珍惜。

刘立刚 兴国平川中学语文教师。30年来，秉着"有生活才有文章，有真情才有好文章"的理念来教学生写作文，让学生在写作中提高语文素养，提升人格品位，实现"美丽的语文人生"。

蓝兆沛 1988年毕业于赣南师范学院中文系汉语言文学专业，1990年调入兴国平川中学，中学语文高级教师。

谢军 男，籍贯江西兴国，赣南师大中文系本科毕业，中学高级教师。育人以心，富有激情和亲和力，具有20多年语文从教经验，注重中学生作文教学方法指导，所教学生多次荣获"叶圣陶杯"等各类作文大赛奖。

曾丽萍 开朗，乐观向上，为人师表，爱岗敬业，虚心好学，潜心教育。关心爱护学生，经常与学生沟通交流，成为学生的知心朋友。爱好文学，教学功底好，指导学生参与各类比赛均获得优异成绩，所任学科成绩一直名列全市前茅，多次被评为县、市优秀教师。

滕梅云 首届"振荣杯"获奖学生廖继勋、黄信达，首届"远谱杯"获奖学生钟妍、黄可的高中指导老师。杏坛十载，揽清风以盈袖，挈书卷而逸致，教风平和冲淡，信守"生活即语文"的理念，注重引导学生感知生活，尚语文以怡情，乐语文而开怀。

钟恩桦 男，本科学历，中学一级教师。毕业于赣南师范学院中文系汉语言文学专业，文学学士学位。2003年7月参加工作，现任兴国平川中学高二语文教研组组长。历年所任教班级高考语文成绩均名列年级前列。在省市各级刊物发表论文多篇，2015年被评为"兴国县优秀班主任"。

人生之路，书写自己的精彩

在平川中学首届"振荣杯"作文大赛颁奖仪式上的发言

何桂连　一等奖获得者，2016届高三（19）班

作为首届"振荣杯"作文大赛的一等奖获得者，我的内心极其高兴与自豪，心中涌动着对老师、对学校的感激之情。在此，请允许我代表所有参赛同学向辛勤组织此次作文大赛的各位校长老师说声"谢谢你们，你们辛苦了"。

"十年树木，百年树人"，教育的发展需凭借爱与责任代代相传，"振荣杯"作文大赛承载着爱与责任，是长辈对晚辈的殷切期盼和对社会责任的主动担当。

感谢黄振荣老师所树立的教师楷模，如今已接近80岁高龄的黄振荣老师亲赴颁奖现场，用他那充满慈爱的声音表达对平川学子的殷切关爱。

感谢辛勤培育我们的老师和积极投稿的各位同学，是竞争成就卓越。经历不同，感受不同，写就的文章自然不同，正是因为这种多样化的成长体验，我们才分享到同学们心灵花园的姹紫嫣红。

于我而言，作品《路》的获奖不仅是对作品的认可，更是对我"不断向前走"这一信念的认可。那路是实实在在横亘在眼前的，一直向前延伸，通往那名为"鸡高岭"的世外桃源；那路又是模糊缥缈的，眼前似乎总有雾气氤氲，看不到尽头，不知坎坷与否，充满未知。也正如我所说：这路我必将走下去，求学之路本就是避不开的人生之路，全力以赴方能无愧于心。

关于写作，我一直是极其热爱的，把心中所思所想随心所欲描绘勾勒，当落笔成文时，一个个文字便仿佛成了跃动的音符，带给你美感与成就感。虽对于语言的驾驭能力较强，但我也发现自己有较大的局限，那就是太过随心所欲，缺乏构思上的打磨，骨架才是撑起一篇言语分明的好文章的关键，内容自然是血肉，是灵魂所在了。"生活，生活！"能打动人心的东西必定根植于现实生活，在字里行间似乎能看到作者行走的一步步轨迹，真情实感，绝不浮夸。

一支笔力量很小，到了鲁迅手里，便成了唤醒国人的利剑；到了冰心手里，便成了呼唤爱与暖的口哨；到了我们平凡人的手里，便成了我们说出心声的载体。所以，勇敢拿起自己的笔，写就自己的精彩人生！

再次感谢校友们对母校的深情厚谊，教育的发展需你我共同努力！

一群讲故事的人

《兴国平川中学首届"振荣杯"作文大赛获奖作品集》后记

王炳华　时任兴国平川中学校长

每个人的一生都被约定俗成地分成了几个阶段：出生，上学，工作，成家，立业，退休，颐养天年直至尘归尘土归土。幼年时的蹒跚学步牙牙学语，曾经带给父母家人多少惊喜和感动，你已不复记忆，无从知晓。长大了，上学了，考试了，升学了，获奖了……求学路上的风霜、雨雪、晨曦、彩虹，总能触动你的内心，让你为之哭、为之笑、为之伤心、为之欢唱。歌德诗云："我曾经领略过一种高尚的情怀，它使我至今难以忘却，这是我的烦恼！"那么，在十余年的读书生涯里，每一个人，也都应该领略过这种高尚的情怀，都应该有过难以忘却的"少年歌德之烦恼"吧！？

2012年12月8日，莫言在出席诺贝尔文学奖颁奖典礼时进行了题为"讲故事的人"的演讲。这位站在世界文学巅峰的文学巨擘用平缓的语气讲述了在那个特定年代、特定地方的那些令他刻骨铭心的人和事，让世界知晓了这位饱受童年辍学，饱受饥饿、孤独、无书可读之苦的体弱少年，如何早早地开始阅读社会人生这本大书，如何开始"用耳朵阅读"，如何用自己的方式讲自己的故事，最终站在世界的舞台上给全世界人民讲故事。或许可以这样说，正是山东高密这个山乡的那些艰难生活、那些刻骨铭心的人和事，浸淫了莫言的情感世界，绘制了他的文学版图，成就了他的文学高度。

莫言的经历告诉我们，那些高尚的情怀、那些难以忘却的烦恼，是我们的精神家园，既然难以忘却，那就将它们铭记，做一个"讲故事的人"。

第一篇
开创兴国平川中学校友文化新篇章

  2015年10月,平川中学1988届校友陈祖林先生向母校表达了设立"振荣杯""远谱杯"作文竞赛的意愿。不久,关于在兴国平川中学捐设"振荣杯"和"远谱杯"作文竞赛的商议方案送达学校。捐设作文竞赛的初衷,一为感怀无数教职工对平川学子的殷殷哺育,二为期待引导在校平川学子在日益商业化和国际化的社会环境中珍惜宝贵的中学时光,重视国学,提高写作能力,陶冶高尚情操。陈先生搭建起了"讲故事"的舞台,等候着平川学子登台亮相。随后,以"刻骨铭心的求学一二事"为主题的平川中学首届"振荣杯"征文大赛便拉开了帷幕。11月底,平川中学语文教研组从300多篇应征稿件中挑选了60篇作品入围评选。12月,由本校9位语文教师组成的评审小组对入围作品进行打分评比。2016年1月11日,评审小组召开碰头会,对评分后的作品进行分类评判,对存在争议的作品进行了商讨评定。1月13日,评审小组再次召开会议,对入围的作品逐篇评判,初步挑选出了20篇作品参评一、二、三等奖。1月18日,评审小组召开第三次现场评审会,最终在20篇入评作品中选出了一、二、三等奖及优秀奖。

  苏霍姆林斯基认为,自我教育需要非常重要而强有力的促进因素——自尊心、自我尊重感、上进心。只有当自尊心、自我尊重感、上进心被学生自己追求、获得和亲身体验过的时候,只有当它们变成学生独立的个人信念的时候,才能真正成为学生的精神财富。这次的作文征文活动,何尝不是一种别开生面的自我教育?我们欣喜地看到,几乎所有参赛作品在叙述求学经历时都表达了这种追求和体验。一等奖获得者邹秦辉、何桂连两位同学的作品分别名为"在路上""路",前者侧重成长与释怀,感恩与怀念,读来让人感动;后者则是"诗意地行走"之后"孤独地前行",阅后令人动容。两篇文章近乎同题同旨,在回忆山村求学经历时,都彰显了求学路上独立的个人信念。

  每个人都是有故事的人,每个人的故事都是一笔财富。对于所有参赛者来说,参加这样的一次活动收获的不仅仅是名次和奖项,更多的还有澄澈心灵的感恩和信念。陈祖林先生在毕业近30年后仍然心系母校,用自己的故事启

迪人心，这种感怀哺育、激励后学的无私行为，令人感奋，是母校弥足珍贵的一笔精神财富。

至此，平川中学首届"振荣杯"征文大赛业已落下帷幕，这不是结束，而只是一个开始，这个舞台还将长期存在。我们期待着更多的莫言式的"讲故事的人"登台亮相、演绎精彩！

2016 年 1 月

兴国平川中学首届"远谱杯"作文大赛获奖名单

举办时间：2016 年 10 月

征文主题：最难忘的中小学恩师

颁奖时间：2017 年 3 月 4 日

一等奖

序号	获奖同学姓名	当年班级	作品名称	指导老师	班主任
1	钟 妍	高一（19）班	恩德如峰	滕梅云	
2	杨丽婷	高二（17）班	不敢把君忘	刘红梅	

二等奖

序号	获奖同学姓名	当年班级	作品名称	指导老师	班主任
3	黄 可	高一（19）班	老黄的老老黄	腾梅云	
4	付水平	高三（21）班	老善的背影	邓 斐	
5	钟 婷	高三（19）班	唯念师恩	李晓辉	
6	张鸿轶（江珩）	高三（20）班	有朋自远方来	康金平	

三等奖

序号	获奖同学姓名	当年班级	作品名称	指导老师	班主任
7	陈 鹏	高一（18）班	清风徐徐	刘文华	
8	朱雨然	高二（21）班	岁月的童话·忆恩师篇	江 雪	
9	欧阳国	高二（16）班	你好，米迦罗	刘红梅	
10	刘晓炜	高二（9）班	轻的人生，淡的幸福	余东东	
11	李尚华	高三（10）班	秋思	曾丽萍	
12	曾品华	高三（9）班	当年情	余东东	

优秀奖

序号	获奖同学姓名	当年班级	作品名称	指导老师	班主任
13	刘艺欣	高一（19）班	江南水，师生情	腾梅云	
14	刘婷婷	高一（17）班	就想这样静静听着你的声音	杨彩根	
15	刘美青	高一（18）班	师生之情，难忘于心	刘文华	
16	陈检叶	高二（22）班	开一树芬芳繁花，结它个桃李满园	江 雪	
17	刘威龙	高二（17）班	那盏明灯，仍在	刘红梅	
18	许丹丹	高三（25）班	沐忆·恩师	王冬根	
19	谢津蕾	高三（22）班	霜枝几许花	康金平	
20	钟史华	高三（18）班	难忘，那些年，那个人	沈训文	

新蕾奖

序号	获奖同学姓名	当年班级	作品名称	指导老师	班主任
21	董淼金	高一（18）班	难忘"老罗"	刘文华	
22	徐 洁	高一（17）班	一辈子的老师	杨彩根	
23	杨 帆	高一（17）班	一杯春醪寄汝心	杨彩根	
24	曾 凤	高一（21）班	与他	刘启红	
25	刘宇欣	高一（19）班	大丈夫哉	腾梅云	
26	郭祥浩	高一（19）班	忆恩师	腾梅云	
27	王晓玉	高一（17）班	窃读记	杨彩根	
28	钟 丽	高一（17）班	恩师·成长·我	杨彩根	
29	邹叶倩	高一（17）班	陈老师，请您给我留个言	杨彩根	

续表

30	韩志斌	高一（18）班	生命中的贵人	刘文华	
31	钟曦辉	高一（18）班	心"花"怒放	刘文华	
32	吴燕婷	高一（18）班	致与她	刘文华	
33	吴瑞红	高一（16）班	那个被风吹过的夏天，她来过	刘文华	
34	黄圆圆	高一（23）班	缕缕蚕丝终成霓裳	刘立刚	
35	赖家豪	高一（23）班	秋风偷走笑	刘立刚	
36	陈睿瑶	高一（20）班	知情唯有月	钟传松	
37	黄素芬	高一（9）班	瘁成桃李，黾造英才	阙翔鹏	
38	黄丽军	高二（4）班	青春，谁为我纷飞了眼泪	谢小荣	
39	廖雅婷	高二（12）班	风中铃兰	赖波	
40	刘芳	高二（12）班	以风之名，感吾之师	赖波	
41	赖泓叡	高二（16）班	于是哭成夏雨，哽咽到秋	刘红梅	
42	余惠敏	高二（9）班	时光记忆中的她	谢小荣	
43	曾麒	高二（20）班	凉风无心，绕指余音	钟恩桦	
44	张燕	高二（28）班	致温佬的一封信	陈健	
45	刘祚洲	高二（16）班	摆渡人	刘红梅	
46	龚露	高二（19）班	逾越棋局，踏上征程	王培金	
47	王春琳	高二（23）班	丫头念，"奕"成"恋"	罗慧	
48	傅百良	高二（23）班	不凋的石莲花	罗慧	

续表

49	江牧睿	高二（17）班	苍苍梧桐，悠悠古风	刘红梅	
50	曾国珍	高二（17）班	庭中有奇树，绿叶发华滋	刘红梅	
51	赖金霞	高二（17）班	我的老师谢金德	刘红梅	
52	陈燕琴	高二（17）班	丰碑	刘红梅	
53	付芳菁	高三（18）班	每一个脚印，都开出了花儿	沈训文	
54	赖厚福	高三（10）班	温育语文心	曾丽萍	
55	周嵩	高三（18）班	生活不止眼前的苟且	沈训文	
56	曾海荣	高三（9）班	春天遇上樱桃树	余东东	
57	杨漫	高三（22）班	看花人未老，相知语难频	康金平	
58	陈辉	高三（18）班	南山园丁	沈训文	
59	赖远珺	高三（11）班	岁月的情谊	邓良钰	
60	欧阳慧	高三（9）班	摆渡人	余东东	
61	黄裕亮	高三（30）班	老头	王海萍	
62	邓晨宇	高三（30）班	你为我寻，自由情	王海萍	
63	郭炜	高三（34）班	我们的"苏格拉底"	王海萍	
64	邱千	高三（10）班	感之深，恩至重	曾丽萍	
65	钟雨晴	高三（10）班	夜空中最亮的星	曾丽萍	
66	廖娅婷	高三（21）班	岁月流淌，素莲留香	邓斐	
67	朱樱	高三（21）班	在一滴花蜜中顿悟	邓斐	

2016年兴国平川中学首届"远谱杯"作文大赛

优秀指导老师简介

刘红梅 参加教育教学工作30年,一直工作在语文教学第一线。热爱学生,钟情语文。秉承爱心育人的教育理念,倡导在生活中学习语文的教学思想,多年来默默耕耘在兴国教育这片热土上,多次指导学生参加省市、国家级作文、演讲等比赛并取得优异成绩。欣赏泰戈尔"生如夏花之绚烂,死如秋叶之静美"的恬静生活,热爱简单平凡的教育事业,在引领学生探寻真理和获取智慧的道路上,一直不断努力前行。

邓斐 中学一级教师。2002年参加工作,认真负责,思想进步,乐于助人,工作热情。从教十余年,努力每一天,从不懈怠,一心扑在教学上,用真心、诚心、爱心对待每一位学生。人生格言:教书育人是教师的天职,既有苦,也有乐。

康金平 中学高级教师。从教以来,一直担任语文教学及班主任工作,秉着"德能正其身,才能称其职,言能明其志"的信念,敬业做事,勤恳为人。人生格言:把爱带给每位学生,用千百倍的耕耘,换来桃李满园香。

李晓辉 中学高级教师。工作中奉行严格、严谨的原则,不允许学生用"不知道"回答问题,因为语文的东西只有知道得多不多、说得好不好的区别。坚持善始善终,布置了的事很少半途而废,教学不搞花架子,注重实效。

余东东 2003年7月毕业于南昌大学汉语言文学专业,热爱教育事业,不断提高自己的教学功底,努力形成自己的教学风格,受到学生喜爱。教学之余,积极参与科研,论文《让评价成为激活课堂的有效手段》《高中生语文学习能力评价初探》等在国家级刊物发表。主持有省级课题《校园集体活动与语文教学的关系》,被中国教育发展学会授予"全国基础教育课程改革先进个人"称号。

第一篇
开创兴国平川中学校友文化新篇章

江雪 十余年教育教学经历,教育学硕士,兴国平川中学优秀青年教师。长期坚守在教育一线教书育人,以生为本,因材施教,践行着"与生为友、与时俱进"的教育理念,获得孩子们的普遍欢迎和喜爱。

王海萍 1996年毕业于赣南师院,20多年教学实践,真切感悟到:语文教学就是激发学生对文学的热爱,用富有情感和思想光辉的语言,传达自己的生命感受。

感恩之心，珍惜每一段缘分

在首届"远谱杯"作文大赛颁奖仪式上的发言

杨丽婷　一等奖获得者，2016级高二（17）班

在首届"远谱杯"作文大赛中获奖，面对这不虞之誉，我想说的就是——感谢！

优秀学长陈祖林先生心怀桑梓，不忘母校，感恩恩师，"振荣杯"和"远谱杯"作文大赛为学弟学妹们创设了表达思想、抒发情感的机会和平台。

英国元帅蒙哥马利曾经说过这样一句话："对于我们来说，生活中必须有，也应该有某种人生信仰，它偶尔一句话、一场梦、一种表情或一个动作向我们传递一种令人振奋的消息。"以平川两位普通老师的名字冠名的作文大赛，让我们感受到那颗真诚而炽热的心是那样真实而热烈地存在，让我们懂得了"为文即做人"的道理。

感谢许许多多像谢远谱老师一样兢兢业业、无私奉献的老师，因为有了他们爱心的浇灌、辛勤的耕耘，才有了满园桃李的绚丽、遍地稻麦的金黄！

杨绛先生曾说："个人虽然渺小，人生虽然短促，但人能修身，人能自我完善，人的可贵在于人的自身。"学会感恩，便是修身和完善自我的重要途径。一个拥有感恩之心的人是一个幸福的人，在他眼中，世界是可爱的，人生是美好的。所以，当他写文章时，这种情感就自然地流诸笔端。当"感恩""老师"这两个词组合在一起的时候，就成就了世界上最真挚的情感。

我们怀着感恩的心，用稚嫩的笔描述对老师的尊敬和怀念。敬爱的老师，因为有你们的支持、教导和无私的付出与奉献，才有了我们今天的成绩和进步，才萌发了我们一次又一次"以我手写我心"的写作冲动。

感谢母校，母校以崭新的气象为我们创造宁静致远、幽雅温馨的环境，以丰厚的积淀让我们铭记"读书养志、明德修身"的校训。我们将再接再厉，为大美平川争创新的辉煌，我们将博闻强识，勤奋学习，为写作的河流不断注入汩汩的清泉。

古人云："言为心声，文如其人。"

"夸逞功业，炫耀文章，皆是靠外物做人。不知心体莹然，本来不失，即无寸功只字，亦自有堂堂正正做人。"《菜根潭》里的这句话，谨与热爱写作的同学们共勉。

铭恩感怀,不忘初心

《兴国平川中学首届"远谱杯"作文大赛获奖作品集》跋

王炳华 时任兴国平川中学校长

木茂思根,饮水思源,此世之俗理而人之常情也。师者,所以传道授业解惑,系教育之大计,承家国之未来也。将军故里,红土大地,百年平川,名师荟萃,享美誉于四方,育桃李于九州。师恩浓浓,芳香阵阵。九州桃李情系母校,杰出校友铭感师恩。六载中学日,终生平川人。校友陈君祖林,成辉煌之业,怀感恩之心。乙未仲秋,以师之名,捐设"振荣杯""远谱杯",以铭母校之恩,感名师之德。亦希冀传国学之精粹,掖勤奋之后学,养其著文之雅趣,修其高洁之品行。

"振荣、远谱"双杯,为期十载,年分奇偶,奇为"振荣",偶为"远谱"。乙未"振荣",硕果累累,大放异彩,首届"远谱"亦将奏凯。平川人同力,众师生齐心,共襄"远谱"盛举。拟计划,定方案,领导运筹帷幄;广宣传,细指导,诸师精心组织;勤动笔,创力作,后学踊跃参与。截稿数百篇,佳作连篇。各年级择其优者二十余,共计六十又八,以入复评。以九师成评审之组,将入围之作,评分以判之,得其优者三十,以入终评。又五师精评细审,择其优者二十,以评等定次。终得特优者二,次优者四,又次者六,优胜者八。

春蚕到死丝方尽,蜡炬成灰泪始干。为师者,亦如春蚕蜡炬,予光予热以育后学。丙申"远谱",以师为题。平川学子,求学十余载,所遇恩师自是不少。择其至思至深者以记,实为题中之义也。综观此番集作,可谓切中要义。或叙恩师谈笑风生之逸事，或言其恳切谆谆之教诲，或述其德艺双馨之品行。辞藻间莫不蕴恩师之浓情，往事中无不有昔日之温馨。忆往昔求学岁月，念恩师殷殷关怀，此次远谱之意可谓达矣、备矣、深矣！

籍著文之机，掖后学之辈，诚谢陈君之美意。至此，首届远谱大赛帷幕将落。掇佳篇以集之，奇文以共赏。平川学子亦将有感于斯集，纵挥毫墨于书山，凌飞佳作于学海。承校友之志，怀铭感之心。不忘初心，砥砺前行。书无悔青春，创绚丽辉煌。由是跋之，丙申腊月十五。

第二篇

师道无声
——冠名教师黄振荣和他的弟子们

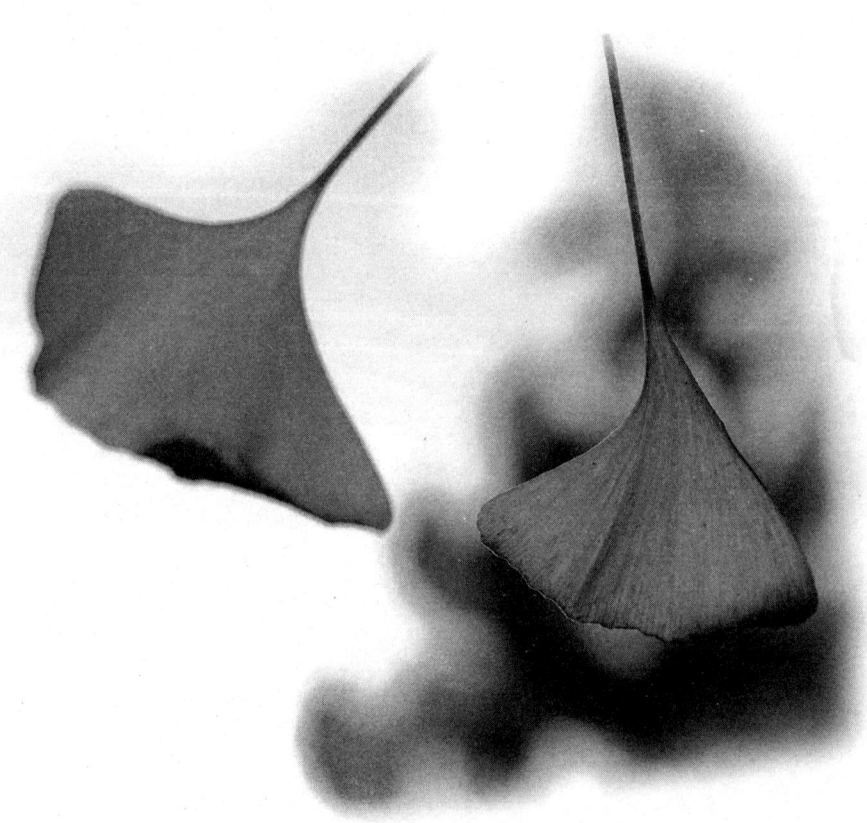

"振荣杯"冠名教师黄振荣老师简介

黄振荣,中学高级教师,平川中学优秀语文教师、优秀班主任。

黄振荣老师生于1934年12月11日,毕业于宁都师院。1961年带薪就读江西教育学院政教系,兼修江西师范学院中文系(函授)。1954年8月参加教育工作,分别任教于华坪小学、兴国二小、实验小学、樟木中学、永丰中学和平川中学。1979—1989年间任教于兴国平川中学,曾担任《江西教育》《少年先锋》《红领巾》《小朋友》等报刊通讯员和《江苏教育》《上海教育》《黑龙江教育》《中国少年报》等报刊特约通讯员,两次荣获"江西省模范班主任""赣州市先进工作者"等光荣称号。

生命中的贵人

——我与黄振荣老师的一世师生情

陈祖林 兴国平川中学1988届校友

我与黄振荣老师的人生情缘始于1982年,细数起来,在我40多年的生命历程中,不时有贵人相助,老师是我生命中的第一位贵人,也是互动一生的贵人。

老师之于我的"贵",在于对我的人生启蒙。

初入中学,懵懂少年,不谙世事,"严是爱,松是害""做生活的有心人"……很多做人做事的道理,从涉世之初,老师就开始教导我们。也是从那个时候起,我们在学习知识的同时,开始观察社会、自主思考、探索人生。

老师之于我的"贵",在于养成了思考型的存在风格。

老师的课讲得好是全县出名的,好在知识与现实的结合,老师的课就像是一扇小小的窗,让同学们在学知识的同时看到广阔世界和长远人生;老师的班带得好也是全县出名的,好在"人、事、理"的完美结合。班级和校园就像是一个小小的社会,让同学们在长知识的同时感悟精彩世界和百味人生。老师善于从一点一滴、一时一事中思考和发现,在咬文嚼字中觅出道理、悟出规律,别人觉得平淡无奇、视而不见的事情,老师总是挖掘出一片新天地。老师国学底蕴厚、文字功底强,看问题透彻,说事理精彩,遣词造句,句句是金,听老师讲课、和老师交流可谓是一种享受。

留心处处是美景,思考事事皆文章。正是初中三年的熏陶和培养,造就了我一双发现美的眼睛,使我养成了勤于思考、善于琢磨的良好习惯,为自己

后续的处世和立业奠定了良好的基础。

老师之于我的"贵",在于塑造了严格、勤劳、乐观豁达的人生品格。

老师的严格是出名的,班上每位同学都有几个刻骨铭心的记忆,这些记忆大多与老师的严格有关,正是这种从细节抓起、坚持不懈、近乎苛刻的严格,造就了我们较高的工作质量和人生质量。

比同学睡得晚,一起迎朝阳,教育成果纷呈、桃李满天下,这是老师辛勤耕耘的结晶,老师的言传身教无形中在影响和改变着我们这群幼小的心灵。

在我们的记忆中,有老师严肃的表情,也有老师微笑的面容。老师笑声爽朗,看人看事积极、正面,在老师眼里似乎没有克服不了的困难,没有过不去的坎儿,一切向前看,把坏事变成好事。老师的人缘好也是出了名的,这缘于老师心地善良、善解人意、热心真诚的品格,班上同学有生活困难找他,年轻老师碰到工作难题找他,小夫妻闹家庭矛盾也找他……正是这种积极、乐观、豁达的心态在老师身上散发出的正能量在不知不觉中吸引着大家,在和老师"君子之交淡如水"的一生交往中,我们不断受到指引和鼓舞,不断吸取正能量。

老师之于我的"贵",在于培养了诲人不倦的师道精神。

谁能想到陈祖林的最终职业归属是老师呢?我从没想过,我的父母也从没想过。我儿时的梦想很多,歌唱家、主持人、作家、记者、编辑……就是没想过做老师。我勤于观察,喜欢思考,习惯性地咬文嚼字,享受表达,好为人师、喜欢教人,热衷于写文章……也许是冥冥之中注定,众多因素汇集在一起让我最终走上了职业培训师和职业顾问的道路,迈上了大学讲台。似乎2001年之前所做的一切都是为最后的职业归属,前面所说的儿时梦想好像全部都实现了。回过头来琢磨,除了父母对我的恩泽和影响,这一切都与初中三年老师对我的培养和熏陶有关,其中,师道精神是老师对我最大的助益。

……

发现生命中的贵人。老师之于我的"贵"实在是太多了。从时间上来看,

3 年，在一生中的比率越来越低；从对人生品格塑造的角度来看，12 岁至 15 岁的 3 年，却在我的一生中占据着至关重要、难以替代的位置。

珍惜生命中的贵人。32 年逝者如斯，我和老师的互动从未间断，从懵懂少年到心智渐开，从打工一族到教学中坚，从忙于生计到攀登事业，在和老师的长期互动中，我们之间的师生情谊也升华为人生情谊。老师是我的人生启蒙者，老师是我的"忘年交"，老师是我的引路人，一个电话，一声问候，一番交流，和老师的互动已成为我生活中的一部分。

感恩老师，感谢如歌的初中生活，我和老师的一世情缘让生活更多彩，让生命更饱满。在感恩和祝福中，我和老师的一世情缘还在延续；在感恩和祝福中，我和老师的一世情缘已延伸至下一代。

2014 年 1 月

黄振荣老师的四种角色

熊江　兴国平川中学 1988 届校友

上初二的时候，黄老师让我当班干部，这很出乎我的意料。我胆子小，很害羞，不太爱说话，班上还有许多优秀的同学，最要命的是我说话结巴。当了班干部之后，锻炼的机会多了，久而久之，我说话流利多了，组织能力也强了。现在我做事有条有理，多得益于老师当年给的机会。

黄老师有一个最具特色的教育方法：利用下课前的几分钟，给大家讲书本之外的知识、人情世故、生活常识、组织管理……语言幽默，新鲜有趣，大家都非常喜欢这短短的几分钟。不要小看这几分钟，细细想来，三年下来我们从中学到不计其数的知识，一群懵懂少年在老师和风细雨、润物细无声的熏陶中慢慢地成熟起来。黄老师教出了很多素质全面的优秀学生，与这种独特的教育方式息息相关。

孔子是一个伟大的教育家，无言之教是孔子用得最多的教育方法。孔子教人从不咄咄逼人，也没有无穷无尽地灌输，而是在日常生活中用自己的行动来影响学生。黄老师是无言之教的专家，教书育人兢兢业业，是兴国有名的教育界元老，江西省优秀班主任，德高望重；黄老师一生坎坷，从来不屈不挠，无怨无悔；黄老师退休后心态不老，乐观豁达。《周易》有言，"天行健，君子以自强不息"。黄老师是自强不息的典范，这些优秀的精神火种通过黄老师的平凡生活，不知不觉地传给了我们，并且一代一代地传下去。

黄老师精于业，重于情。

有一次黄老师去北京旅游，三届学生一起给他接风洗尘。吃饭的时候，

同学们喊出了三句话:

"平川中学万岁!"

"初三(1)班万岁!"

"黄振荣老师万岁!"

这几句话喊出了深厚的师生情谊。一个老师的成功不仅仅在于教出了许多好学生,还要看退休后有多少学生记得住老师。黄老师退休后,每年都有很多学生去看望,师生感情数十年延绵不绝,不能说不是一个奇迹。

我一直保持着一个好的习惯:夏天睡觉的时候,不管天气多热,都会盖住肚脐,所以夏天从来没有着凉感冒过。这个习惯就是黄老师教的。记得初一的时候,有的同学晚上睡觉感冒了,黄老师告诉我们,晚上睡觉不要贪凉,一定要盖住肚脐,因为肚脐容易进风感冒。我来自偏僻的茶园,11岁到平川,个子小,来到平川这所大学校,人生地不熟,内心缺乏安全感,生活自理能力又比较差。老师视学生如自己的孩子,在生活细节上无微不至地关心,在为人处世上呕心沥血地教导,对于一个初出远门远离父母的孩子,那是一种沁入心脾的温暖,也是我人生之途的幸运。

我觉得,一个好老师应具备四种角色:老师、父亲、母亲和朋友。作为老师,承担传授知识的职责,要知识渊博;父亲,承担管教的角色,教给学生做人的规矩,要的是严厉;母亲照顾生活,要的是慈悲;朋友,则是聆听学生的心里话。黄老师成功地扮演了这四个角色,德业双馨,情理并重,亦师亦友,这就是几十年来学生们对黄老师依然情感深厚的根本原因。

几十年过去了,黄老师依然是我们的老师,回到老家,我经常聆听到黄老师的教诲,每次都获益匪浅。如今,黄老师步入耄耋,依然精神矍铄,不减当年风采。编一本文集,作为杖朝之年的生日礼物,高雅又别致。黄老师把编辑的任务交给了我和祖林等几个学生,是我们的荣幸。

铭记师恩 努力前行

赖福生 兴国平川中学教师

高高的个子,慈祥的脸庞,两眼炯炯有神,发型很酷,言谈之间有一股大家之气,这是30年前黄老师给我留下的深刻印象。30年过去,如今83岁高龄的黄老师红光满面,行动自如,谈吐优雅,健康时尚,让学生甚感欣慰。

黄老师喜欢看书,从书中吸取精神食粮。喜欢写文章,写心得体会,写"记事录",有着自己的真情实意,很是感人。黄老师生活经历丰富,知识渊博,常常把一篇文章、一首诗歌、一段札记穿插到故事、历史、生活中,把一次谈心、一节班会、一堂活动融入到社会、家庭、情感里。我们喜欢听黄老师讲课,绘声绘色,说古道今,有理有据,引人入胜,在快乐中学习,从学习中体会成功与快乐。我们期待着班级的每一次活动,个个都想好好地亮一亮,露一露。因为这里充满阳光,充满活力,激情似火,团结向上。

黄老师常常笑容满面,让我们倍感亲切。黄老师对我们的学习、生活、家庭情况了如指掌,经常找学生谈心,从细微处入手,培养良好的行为习惯,树立节俭、文明、团结、竞争的意识,指导我们如何学会学习,如何为人处世,如何自强自立,如何健康发展,悉心关怀,一视同仁。

黄老师也有发脾气的时候,一旦绷紧脸时,不怒自威,我们都不敢碰触老师凌厉扫视的目光,只能低头静思:我有迟到吗?我拖欠作业了吗?我影响他人给班上抹黑了吗?……人人屏声静息,恰似暴风雨来临的前奏,都怕受到黄老师的严厉批评,都在想今后要怎么做得更好,这样的教育是深刻的,也是很有效果的。

黄老师为人师表，言传身教，是个敢于担当，勇于付出，认真负责的楷模，对学生尽教育之实，对朋友尽友善之谊，对家庭尽贤孝之心，对社会尽贡献之力，凭良心做事，以品德育人。

老天是公平的，付出必有回报。黄老师桃李满天下，许多学生成为各行各业的精英，大家都以作为黄老师的学生而自豪；获得省市级多项殊荣，得到学校、社会的高度赞扬；家庭教育成为典范，人丁兴旺，人才辈出，获得"书香门第"光荣称号；身体健康，精神抖擞，笑傲人生。

30年前黄老师的谆谆教诲，辛勤付出仿佛还在昨天，让我们学到了很多知识，懂得了很多做人的道理，对我们的人生起到了积极的导航作用。30年后黄老师依然神采奕奕带给我们诸多的教育和启示，这是一笔财富，让我们深藏心底；这是一世恩情，让我们铭记脑海；这是一泓清泉，给予我们前行的力量。

让我们铭记师恩，努力前行，做一个热爱生活，勇于担当，乐观负责，有益于社会的人，这是学生对黄老师的最好报答。

相 赞

杨彩根 兴国平川中学副校长

二〇一六年夏 吉日

凛凛君子，其平在额，其正在鼻；

磊磊丈夫，其耿在项，其刚在脊；

矫矫先生，其智在眸，其才在心；

彬彬绅士，其文在形，其质在神：

厥像惟肖，山高水长。

七律

敬赠恩师黄振荣先生

杨彩根

摘星揽月气如虹，一任风雪搅苍穹。

西席传经芳圃绿，东篱把酒逸兴浓。

世事洞明自坦荡，人情练达乃圆通。

谁不艳羡耆宿健，和云信可鼓长风。

忆恩师 盼聚首

黄建平　兴国平川中学1985届校友

春风化雨几春秋，远繁华，解烦忧。

传道授业当砥柱，飞花去，桃李留。

少年求学遇严师，听教诲，明事理。

只盼故园重聚首，饮美酒，诉春秋。

　　深夜的窗口数您的灯光最亮，清晨的路上数您行得最早，三尺讲台上数您最风流，对学生的要求数您最严格。这就是您——大家记忆中的黄振荣老师！

　　作为一名人民教师，您别无所求，只想把知识传授给可爱的学生，您别无所爱，只想把全部的身心扑到您心爱的教育事业当中。从青春年华，到白发苍苍，几十年如一日，您怀着对学生负责、对家长负责、对教育事业的忠诚踏出了人生亮丽的轨迹！

　　教室是您的家园，讲台是您的舞台，教科书是您领路的明灯，学生就是您可爱的孩子。每当新一年级的学生来了，您会伸出双手欢迎，毕业了的学生您会含泪相送。您把知识传授给了他们，才能使他们在知识的海洋里遨游，是您教给了他们怎样做人，才使他们对社会做出更多的贡献。您是辛勤的园丁，盼望着鲜花满园，盼望着桃李芬芳！小小的教室里，是您教会了他们如何思考人生，是您把整个世界融入他们的心灵。从学校出发，一批批的学生就是在您的搀扶下，跨上了奔驰的骏马。

　　小小的粉笔就是您的双手，描绘出了您心中的蓝图，上课的铃声就是您征程上的冲锋号角，一路走来把汗水抛在身后。您为学生优异的成绩感到高兴,您也为没有明白的学生耐心讲解。您会表扬品格高尚的学生,您也会严厉批评做错事的他们。这全都是您的孩子,您舍不得把每个落下。为了孩子您废寝忘食,为了孩子您鞠躬尽瘁,为了孩子您把心都给了他们。就是这样,您把自己燃烧起来,就是这样,您把光明留给大家,您无怨无悔,您甘心付出!

多少个日日夜夜您无眠,多少次风风雨雨您闯过。把知识留下来,把精彩送别人。这就是您,我们敬爱的黄振荣老师!您会为求学的少年插上知识的翅膀,您会把顽皮的学生教育成才。一路的酸甜苦辣,一路的欢声笑语,一声声的感激,会让您甜蜜永久。

几十年后的同学聚会上,当您看到围在身边的学生的时候,您含着激动的泪花一一牵过他们的手,久久不愿松开。在聚会上,您清晰的思路、幽默的话语、闪耀的文采给他们巨大的鼓励,您一直是他们学习的榜样。同学们的欢笑,让您看到芬芳的桃李,一句真挚的话语,会让您心存久远。

您就是这样无私无悔,您就是这样燃烧自己。当您回首往事的时候,您觉得一生的心血没有白废,一生的汗水没有白流。您的教导让学生们在工作、生活中经常想起您,您会因此自豪,您会因此光荣。

这就是您,让学生们永远敬爱的黄振荣老师!

难忘母校 感恩师恩

——兴国平川中学生活的点滴回忆

周兴华 兴国平川中学1985届校友

光阴似箭，日月如梭。转眼间，离开母校已经30余年。30年，历史长河中的短暂一瞬，却是人生中的浓墨重彩。

时光无法倒流，美好瞬间却有理由珍藏。20世纪70年代末，有幸在江西兴国平川中学就读，留下了不能忘却的人生足迹，更留下了一生难忘的记忆。30年前，稚气年少的我，离开父母的怀抱，带着家庭的希望，满怀着憧憬，来到了兴国平川中学求学。回忆起中学的点滴，感慨万分。

最难忘的是母校良好的学习氛围。中学六年，是改变我人生轨迹的六年！

在母校，我感受到了一流的学习氛围，培养了自己良好的学习方法，锻炼了自己独立思考的能力。那时的我们，真的是心无旁骛——一心只读圣贤书。宿舍—教室—食堂，永远的三点一线。一周六天，白天的课程以及早、晚自习，永远都是排得满满的。那时课外的参考书奇缺，我们几乎都可以把课本的很多章节背诵下来了。

还记得每月一次的月度考试，考卷是老师亲自用油墨印制的，还有月度成绩排名，既是我们学习的压力，更是我们学习的动力，我们乐在其中；还记得为了第二天的考试，晚自习结束学校统一熄灯后，点着蜡烛挑灯夜战的情形；更记得高三高考前，多次的高考模拟考试——自带单人课桌，统一在大礼堂考试，紧张的气氛甚于高考！

还记得我们班主任黄振荣老师每天晚自习结束前15分钟在班级的训导，有表扬，有批评，有善意的提醒，也有盈盈的关心，有对时事的评述，还有对班级工作的安排。听黄老师每天这15分钟的训导，对那时的我们，真的是紧张学习之余的享受！

还有那竞争激烈而有趣的多站式数学竞赛，简陋而规范的化学、物理等实验，激发了我们强烈的学习欲望。一幕幕，仿佛就在昨天，每每忆起，甚感幸运，为我们曾在学习氛围浓厚的兴国平川中学读书而自豪！

平川中学六年学习，最该感谢的是教育、培养我们的老师。初一刚入学时，由于住读，那时的我们第一次离开父母，生活学习极不适应，老师们既要负责我们的学习，还得时刻关注我们的生活，几乎和我们一起吃住。后任平川中学校长、那时我们的数学教师王炳华老师，一题多解，旁征博引，把函数、解析等多个数学小分支串联在一起，让我们见识了数学的奥妙，也佩服王老师的渊博知识；化学课肖百华老师，他编的化学元素周期表顺口溜，朗朗上口，我到现在还记得，肖老师生动有趣的化学课，至今还时常忆起；钟华东老师，让我们的人生开始接触第二种语言；还有杨海根老师、侯礼杨老师、黄邦发老师、杨瑞俊老师……正是你们的授业解惑，正是你们的引导，让我们踏上人生征途！

对我帮助最大、给我印象最深的中学老师，是整整做了我初中三年班主任的黄振荣老师。

黄老师把一生的心血奉献给了三尺讲台，教师是人类灵魂的工程师这句话在黄振荣老师身上得到了最好体现。黄振荣老师不仅教书，更重要的是育人，他处处为人师表，做学生的表率，黄老师的言行对我们的思想、行为和品质起到了潜移默化的影响。

在教学上，黄老师真正做到了"严慈结合"，切切实实用一颗朴实的爱心，去爱每一位学生。在每一节课上，黄老师都是以一颗饱满的爱心用他渊博的知识去教育学生，用爱去感化学生，让我们时刻体会到黄老师的关爱。

课后，黄振荣老师经常了解学生的需求，尽力为学生排忧解难，使学生能无忧无虑地全身心投入到学习中去。

师恩如山，我们的点滴进步和些许成绩全都凝聚着老师们辛勤的汗水。老师像航船，领着我们驶向知识的海洋。老师像辛勤的园丁，每天播洒知识的雨露，滋润着我们！老师，您虽然没有惊天动地的业绩，然而您为了我们的成长不知放弃了多少个休息日，熬过了多少个不眠之夜，您就像一支蜡烛，燃烧了自己，照亮了别人。您在用一生的心血培养我们，您就是人类灵魂的工程师！感谢您陪我们度过这个人生的转折点，为我们照亮前方的路。

平川中学的六年中学生活，虽然艰辛，却是多彩的，那时还处于计划经济时代，物资非常匮乏。记得：我们住宿时十多人打地铺，早上每个宿舍派代表去提水回来分给大家洗漱用；我们经历了老的大礼堂一百多桌的分餐制；和学校隔着一条马路的田径场，那时是纯粹的原汁原味的红土地地面，留下了我们体育课锻炼及晨跑的汗水；帅气年轻老师们的排球比赛，吸引了大批学生球迷；全校的歌咏比赛，多才多艺的黄振荣老师拉手风琴给我们伴奏；学校组织学生冒着烈日步行去参观长岗水电站；每周一次大操场上的露天电影，还有学校后山坡的茶叶采摘……艰苦而多彩的校园生活，锻炼了同学们独立的生活能力，更扩大了我们的视野，让大家乐观地面对困难和挑战，不断地战胜自我！

2016年同学聚会，重游母校时，我们努力寻找那个年代的印记。大家为母校的旧貌换新颜而惊喜，更为母校日新月异的发展而自豪。母校重游，师生同聚，其乐融融。

祝福母校！光辉历程更辉煌，人才辈出代代强；桃李满天扬四海，硕果累累振中华！

一生执着为诗书

钟琳　兴国平川中学教师

当年我在黄振荣老师班上读书的时候,就知道黄老师喜爱阅读和写作,这是他生活的乐园,黄老师对写作有着很浓厚的兴趣,时不时有文章见诸报刊。

我以为,阅读和写作是高雅的兴趣爱好。

只是,在经济社会飞速发展的时代,不少喜欢阅读和写作者将这一爱好搁在一边,难能可贵的是,83岁高龄的黄老师却一直坚持至今。

综观黄老师的写作,我概括为:爱写,善写,恒写。

爱写:黄老师对写作始终充满了热爱之情。因为热爱,他在写作方面取得了不菲的成绩,不仅在报刊发表了多篇文学作品,革命回忆录《红旗飘飘》在《中国少年报》连载后,还被朝鲜译编成连环画发行;因为热爱,他在写作上获得了诸多殊荣,被《江西教育》《红领巾》《小朋友》《中国少年报》聘为通讯员,而且还获得了"书香门第"的光荣称号;因为热爱,他倾注心血,繁荣文学事业,培养文学新人。2016年3月5日,以他的名字命名的"振荣杯"首届作文大赛在兴国平川中学进行了颁奖,20位优秀学子获得了荣誉证书、奖杯和奖金。

善写:黄老师知识渊博,写作涉及范围领域广,诗歌、对联、随笔在他笔端如溪流般涓涓而出。他对生活观察入微,一草一木、一山一水均可化为优美文字。无论是随笔、诗歌还是对联,读过之后,给人以哲思,给人以启迪。他在随笔《三不令》中写道:每个人应该遵守的人生规则:养生,不能违背天

时；办事，不能违背法律；为人，不能违背良心。他在散文《一盒洋火，一盏心灯》中提到的"两个不比"（不比吃，不比穿）和"三个要比"（比学习，比能力，比事业），是值得我们倡导的社会价值取向。他的一些诗歌，境界深远，意韵优美，如《覆笪放眼》这美景"枯藤绕老树，篁竹挽松身，白云裹山顶，轻纱罩翠景"。

恒写：就是持之以恒，坚如磐石。在黄老师眼里，岁月是一条极美的长河，流到哪里，哪里就是源头。黄老师十多年如一日，记录下了生活的感悟、生命的苦乐。多舛的命运，没能摧毁黄老师对生活的梦想。曲折的人生旅程，没能阻止黄老师写作的步伐。岁月的沉香，不曾消磨黄老师写作的意志。他以生花的妙笔，书写出了人生酸甜苦辣，次第绽放。无论是《振铎荣声》还是其他文集，都是黄老师生命的真实写照，通过他的文字，我读出了一颗始终昂扬向上、积极乐观之心。

老骥伏枥，志在千里。真心祝愿黄老师写出更多精彩的文章。

先生

杨眉　兴国平川中学1985届校友

初闻先生之名，乃家长和学长之口碑相传，"省模范班主任""市先进教师"常贯于耳而慕于心。

初时对先生的印象，严肃，不苟言笑，眉头时常有个川字，似乎总在思想，透露出一种为人师表的尊严。那大半白灰而齐整的头发又让你感受到隐隐的慈祥，时常穿蓝卡其中山装或白色衬衣，深色裤，穿布鞋、解放鞋，偶尔也会有光亮的皮鞋。30年辛苦执鞭，白粉霜发，依然面色红润，声音洪亮。早已桃李天下声名远扬，依然言行质朴，为人低调。一个不太老但很威严的"老夫子"，于1985—1988年，在兴国平川中学初中部带着他教学生涯中的最后一季关门弟子。

从初一的54个，到初三的72个，一伙青涩的愣头少年，一群花季的豆蔻少女，第一次离开家，寄宿在县城郊区那个条件最艰苦的叫"二中"的重点中学，跟随先生读书学习、体育锻炼、集体生活。先生说文解字教语文，先生为人师表教做人，先生同甘共苦教生活，严于管、勤于教，兢兢业业授业传道，辛辛苦苦育苗树人。所以，任你青春期也罢，任他逆反期也罢，一年、两年、三年，在先生的"威严"笼罩下，个个安安分分念书，茁茁壮壮成长，各有所获。关于那段酸甜有之的生活和环境，以及先生之言传身教，想来个中学子必定和我一样，此生难忘，美妙一生，受益一生。

我1992年参加工作，去了赣州市。最初几年尚能回县城和十几个同学相约几次拜访过先生。斯时，先生已退休，而先生之夫人常年病弱已至卧床，全由先生洗衣做饭，护理照料。先生茶点相待，与我等笑谈，毫无倦怠之色悲苦之情。多年以后，犹记得先生家境，厅堂明净，厨房干净，书房素净，小院里

则满是自栽的花花草草和绿蔬红果,进有书香,出闻花香。

再后几年,忙于职场,竟渐渐地疏离了同学圈,也不曾再访先生。乃到2004年婚嫁之时,回老家宴请,蒙同学赖君和萍姐的热心传讯,婚宴之日竟前来了十多位久未谋面的初中同学,倍感惊喜。于我人生大喜之时,先生见证同学分享,如我父亲兄姊,幸福加倍。那日欢聚合影,留存至今,每每翻看,内心欢愉。而先生,亦将之收录于其所立著之书中,甚是珍惜。

自此远嫁北方,小家初立,故土疏离,亲朋少见。人至中年,患得患失中竟不幸罹患大病,历经生死身心痛苦。2013年回故乡休养小住,得以再见先生。先生已白发苍苍,年届80,依然精神矍铄,每日习书法怡子孙自理生活。于我人生大悲之时,先生并没有过多安慰劝解,先生只说:"你一直是我特别优秀也特别欣赏的学生,我相信你,一定能迈过这道坎儿。放下包袱,考赢过场试,更好的风景在前面!"内心除了感受到温暖,更感悟到了某种信念和启迪。临别他赠送我一本学生们为之编版的个人书影集。时常翻看着这本书,翻阅着先生的人生:80年,多少辛酸坎坷;80年,多少风雨彩虹;80年,多少生离死别;80年,多少人生浮沉……俱往矣。而今,先生,鹤发童颜,笑看今朝。我,云淡风轻,自在安好。

絮絮记来,已是近端午时节,窗外雨后初晴,绿叶摇曳,一阵清香随之而来,精神为之一振,哦,香樟!

此树原为南方之木,四时常绿,如今在北方也常栽于庭荫绿化之地,春新绿夏清香,时时慰我思乡之情。

忽生感想,先生,不正是立于我人生前行路途中的那棵枝大叶冠的香樟树吗?言传如千叶,予我冠荫;身教如直干,予我依仗;德才如馨香,徐徐地,散发在我的一生中。

先生是谁?

我之恩师,江西兴国平川中学初中三年的班主任,特级教师黄振荣老师。

此时,脑海中不由得浮现出一张久存心中的老照片:平川校园,香樟树下。蓝衫夫子,背手而立,他殷切注视着的目光里,一群活泼的少年,正在手舞足蹈地做着广播操……多么美好。

2016年6月6日,于江苏徐州

《先生》附记

以《先生》为题，以"先生"尊呼，其意有二：其一，"先生"就是家长学子对"老师"的尊称；其二，"先生"为现时业内对中国大师级人物的尊称和荣冠。黄老师或许只是一名普通的县级人民教师，但其教育成就及影响，普通而不平凡，于我等学子中，堪比"大师"。

初中三年，正当由懵懂少年到人生初立，是一生中塑造思想性格和品行的重要关键环节。我并不想赘笔——陈列斯时的某些师生互动事例。因为，当不惑之年的我们再回首往事时，会觉得这三年的每一个白天黑夜、每一个朝夕相处的人、每一个未曾说出的故事，无论平淡还是感动，都是难忘的生活感受和情感记忆。校园生活的点点滴滴平静而又美好，而老师的师表为人、言行举止，不只是某件事或某句话可表述，而是在方方面面潜移默化影响了我们的一生。

而我所感受到的黄振荣老师的为人师表，又不仅仅在校园中。在他自己的日常生活家居中，在他和学生们的社会交往中，在同学相聚时的谈论回忆中……也在他的人生和我的人生的几次交集中。我初中毕业后在外省上中专，而后工作、成家，现定居于苏北，回兴国的时间极少。我和老师再次交集的时间不多，但巧在人生大喜大悲时，都能有老师分享分担，是因缘更是情分。老师的德才品行、人格魅力，一如那香樟清气，浸渍着我的人生。

点滴文字，心心念念。

2016 年 6 月 20 日

第三篇

师恩难忘
——怀念冠名教师谢远谱

谢远谱,平川中学众多普通教师的杰出代表

——"远谱杯"冠名教师谢远谱老师简介

谢远谱(1947.5—2005.10),原兴国平川中学副校长,江西省人大代表,全国优秀教师,全国优秀大学毕业生,中学特级教师。

谢远谱老师1947年生于兴国县均村乡,先后就读于兴国平川中学、赣南师范专科学校和北京师范大学(函授)。1966年"文革"期间,返乡任民办教师;1977年恢复高考,考入赣南师范专科学校物理系;1980年毕业分配到兴国平川中学任教,历任兴国平川中学物理教研室主任、教务主任、副校长。任教期间,精研科教,主要担任物理教学工作,多篇学科文章及教学设计发表于《中学物理》等专业期刊。谢远谱老师曾担任多届班主任,所带学生遍布全国。1983年引导所带的高一(2)班学生发起"爱心接力"活动,如今已持续

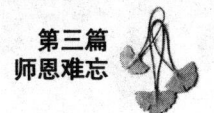

30 余年，受到《人民日报》《人民教育》等国内 20 余家媒体报道，其诗集文章《燃烧的红烛》收录于《理想、奋斗、成才》一书，追忆文章《手持喊话器上课的人》在 30 余个网站转载。

谢远谱老师一生秉承"老老实实做人，踏踏实实做事"，酷爱教育，乐于奉献，兢兢业业，受到教育界同行、学子及乡邻的敬仰。逝世十余年，所教学生通过撰文、设立网上墓园等形式追忆。

谢远谱老师是改革开放以来平川众多普通教师的杰出代表，其学而不厌、诲人不倦的教育精神，曾经福及一届又一届学子。遗憾的是，谢远谱老师英年早逝，令人惋惜，作为兴国教育界的普通劳动者，谢远谱老师为国内外学子所怀念。我们希望借由设立"远谱杯"作文竞赛，表达对母校平川历代平凡教育工作者的感恩和敬意，也期待以此树立标杆，激励在校教职工爱岗敬业、光大平川的教育精神。

恩师谢远谱

——奔五之际体味青涩年华的一生影响

陈祖林　兴国平川中学 1988 届校友

【提要】每个（2）班人都从自己的关键事件中得到启发、受到鼓舞、积极改变，这是恩师谢远谱带给我们的成长价值。三年高中生活，同学们在心灵深处树立了最重要的人生行为准则。

谢远谱老师一身正气，钻研技术、业绩突出，他言传身教、率先垂范，深深地吸引、感染和熏陶着一届又一届平川学子，在青涩年华、青春萌动、蓬勃成长的高中阶段，谢远谱老师对同学们的人格塑造起到了正心、塑形和启智的关键作用。

我和恩师谢远谱相处三年（1985—1988），交往 20 年（1985—2005），他是奠定我人生道路的又一个贵人。

高中三年，15 岁到 18 岁，放在一世中并不算长，却是人生非常重要的阶段。（2）班人幸遇谢远谱老师，一千个日夜相濡以沫、谆谆善诱，既做老师，又兼家长，奠定了同学们正确的人生观。时间流逝，阅历积淀，越发体会到三年恩师教诲在心灵深处对我们的积极影响。

班风刚正，学习改变命运

（2）班人是幸运的，我又是（2）班人当中更幸运的一个。因为中考成绩不错，熊江全县第一，我全县第二，兴国唯一的重点中学——平川中学一改数十年来每个年级只办一个重点班的传统,在 1985 年 9 月的高一年级办了两个重点班,熊江担任(1)班班长,我担任(2)班团支部书记。我和谢远谱老师的人生情谊就此开始。

谢远谱老师重视学生综合素质的全面提升,不仅抓学习、抓思想,同时重锻炼、重社会实践,在那个应试教育、高考成绩决定一切的时代,非常难能可贵。

(2)班人学习认真、勤奋是全校出名的,这直接得益于谢远谱老师严谨教学、有效引导、融入学生和身体力行。学生成绩的好坏,老师的教学质量只是前提条件,学生的个体差异及其针对性引导才是关键,所谓"百花齐放才是春",几乎所有的老师都懂得这个道理,谢远谱老师却在实践这个真理。

(2)班班风刚正,是谢远谱老师的折射和写照。同学们身心健康、茁壮成长,在年级、学校甚至全县都成绩不菲,很多其他县、学校和班级学生的家长慕名而来,通过各种关系把孩子送到(2)班,50 多人的班级曾经激增到近 80 人,几乎把教室挤爆,后来学校出于多方面的考虑,又把人数调回到 50 多人。

谢远谱老师重视同学与同学、小组与小组、班级与班级之间的比、学、赶、帮、超,班内的竞争自不必说,(1)班和(2)班之间也展开良性竞争,两个班级共同策划体育竞赛、课前学歌、学科练习、春游秋游……两个班你追我赶,不分伯仲。

在 1988 年高考榜单上,全县理科前 5 名中有 4 人是(2)班同学,54 位应届毕业的同学中,有 28 人考上本科、专科或中专,这在那个平均只有 20% 升学率的年代,(2)班的成绩非常突出。

还有一部分(2)班同学在复读之后也迈进高等学府,大部分同学在计划经济占绝对主导的时代成为国家干部,改变了人生轨道。三年中学生活的结果,就是学习改变命运。

谢远谱老师

这段经历,也锻造了(1)、(2)两个班级之间的集体友谊。2013年国庆节假期,两个班级还联合组织了毕业25周年同学聚会,大家不分你我,交谈甚欢,(1)班、(2)班的同学情谊,成为大家人生当中的宝贵财富。

奠定三观,安身立命,报效祖国

谢远谱老师常对我们说,人生关键的就那几步,这几步走好了,一生就能少走弯路。他重视班级的学习成绩,更重视同学们的思想成长、心理健康。

平川中学有班前学歌的传统。(1)班和(2)班联合,用蜡纸刻写、油墨印刷要学唱的歌曲,有革命歌曲,也有时髦的流行歌曲,记得当时我还订阅了歌曲杂志。我和吕剑飞同学平时最爱哼歌、吹口哨,有时得意忘形放声而唱,有一次谢远谱老师在班会上就说:"有些同学啊,整天'一把火''一把火'的,小心'一把火'把你烧死啊……"就是不点名地批评我和吕剑飞经常唱歌星费翔的《冬天里的一把火》。

情窦初开的年龄,那时全国中学校园已经开始出现早恋现象,谢远谱老师其实也是含蓄地提醒我们,这也许也与我刚刚萌芽就被打压的初恋有关。

谢远谱老师言传身教,每天坚持一早一晚锻炼,一年365天,天天冷水洗澡。受他的影响,(1)班和(2)班学生很喜欢体育并经常组织篮球比赛。大部分日子,我和吕剑飞、胡健等10位同学都会去校外操场跑上10圈,一身臭汗之后唱着歌、吹着口哨回到校内提水洗澡。很多(2)班同学养成了日常锻炼习惯,毕业后近30年坚持不懈,吕剑飞同学还经常飞到全球各地跑"马"(马拉松)。

高一的第一学期行将结束,谢远谱老师就布置给大家一个特别的任务:寒假期间,每个人要进行一周的社会实践,并要实践单位提供书面的证明和评价。记得我的社会实践是在公公(兴国话,爷爷)安排下在县城大街上的副食品商店当售货员。带我的是一个姓洪的阿姨,站在柜台里面,客人来了要看商品,看了再买,不但要学会接待、服务,还要学会称秤、唱钱——"收你20

块,找你4块5!"唱钱的时候声音要大,以避免给钱的人和收钱的人在金额上可能发生的争执——这个小小的细节给我留下了很深的印象。一天站下来,腰酸背痛,下了班回到县城的三叔家,第二天接着去……一周以后,洪阿姨给我准备了一大袋食品,我屁颠屁颠地抱着它回家了。马上要过年了,想着自己工作一周获得的成果能够带给家里人一点享受,在那个物质匮乏的年代,心里真是说不出的喜悦。这一年,我15周岁。

本文作者陈祖林与谢远谱老师合影

今天,天南海北,通过高考"独木桥"走进社会的(2)班同学,有企业高层干部,有企业家,有大学教授,有职业顾问,还有政府官员……那些没有考上高等学校的同学也在平凡的岗位上历练、成才,他们有的成了技工,有的成了大队干部,有的成了车间主任……每一位同学都能安身立命,报效祖国。

人格塑造,受益终身

谢远谱老师是(2)班大家长,每位同学的家庭状况、日常表现、思想状态,他都全面掌握、动态管理。他善于从学生的表现中发现蛛丝马迹,个别谈心,集体指引,干部做工作,家长配合……谢远谱老师有一套独特的带班方法,他经常在安静的晚自习悄无声息地走到黑板前,用粉笔写下一句名言警句

后又悄然离去，留下同学们无尽思考……

谢远谱老师关心时事、前瞻思考。高一上学期，他就用班费购买了电脑书籍，让我组织团支部活动，给同学们指引。他说未来外语很重要，学英语就是要大胆地说，建议团支部组织课外英语角，我记得胡孝贵同学就是其中的积极分子，后来我在广州松下考上日语津贴，现在还兼任公司的日语翻译，也都是那个时候谢远谱老师播下的思想种子。

谢远谱老师兢兢业业地耕耘在教学一线，把自己的一生毫无保留地奉献给了平川的教育事业，奉献给了众多像（2）班这样的班级，奉献给了成绩好、成绩一般或成绩不好的无数同学。

谢远谱老师不贪小利、不图大利，只取本分义利，他廉洁奉公、无私为人，对所有同学一视同仁，他一点都不势利，从不因为家庭出身、成绩好坏和经济条件等差异而对同学另眼相看，差别对待。

三年高中生活，同学们建立了正确的学习观、价值观，为正确的工作观、人生观奠定了基础，也在心灵深处树立了最重要的人生行为准则。三年学习经历，让大家体会到：学习的时候要抓好学习，工作的时候要抓好工作。不论投身哪个领域，都要力争上游、创造佳绩。

谢远谱老师一身正气，钻研技术、业绩突出。后来担任学校领导职务，仍然不脱离教学一线，不失教师本色，虽然英年早逝，却是桃李满天下。他言传身教、率先垂范，深深地吸引、感染和熏陶着一届又一届平川学子。在青涩年华、青春萌动、蓬勃成长的高中阶段，谢远谱老师对同学们的人格塑造起到了正心、塑形和启智的关键作用。

谢远谱老师的为师风范也给了我崇高的指引，现在我担任公司的总经理兼首席顾问，既是职业顾问、职业培训师，又在多所大学兼职教学。不论公司如何发展，一定亲自抓技术和产品开发、坚守教学一线。

好人好事，少男少女公益心

谢远谱老师除了关心我们的学习和身心健康之外，还鼓励我们参与社会公益活动。

1982年3月，兴国县平川中学高一（2）班的池泽新、唐立新等3名共青团员在一次校外社会实践活动中，了解到家住学校附近的汪发英、王照秀等3位老人身边无儿无女，生活难以自理，他们就利用课余时间轮流去照顾老人。

时任校团委书记的钟华东和该班班主任谢远谱很快知道了这件事，他们希望高一（2）班团支部接下义务照顾3位老人的重任。池泽新、唐立新等3名共青团员立即写了一份倡议书，倡议高一（2）班全体同学弘扬雷锋精神，奉献爱心，担负起照顾3位老人的任务。

倡议书得到了高一（2）班全体同学的积极响应。该班团支部把全班同学分成若干个志愿小组，由三至五人自愿组成，利用每天课余时间分别去3位老人家里，帮老人们挑水、做饭、洗衣服、搞卫生、拾柴火……

如此算来，我们这一届是第三年接力。当时我们将团员们分成小组，每周一次去照顾孤寡老人，有两个地方，一个是少姑，一个是洪门（大洪门村里的小洪门），这项活动坚持了一年，之后交接给下一届高一（2）班。

那个时候不叫公益，而是叫作好人好事。虽然也不是什么惊天动地的大事，却在15岁的少男少女心里播下了爱心，培养了公益心。

我的平川我的初恋

人生难忘是初恋。我的初恋发生在懵懵懂懂的16岁，没有知觉，没有心机，就是在不知不觉中喜欢上了一位女同学，她却把这事告诉了班主任，后果可想而知。我被谢远谱老师痛骂了一顿，爸爸妈妈也知道了，他们苦口婆心对我教育一番，一时间我似乎掉进了冰窟窿，这样的事情被人知道，羞耻万分、萎靡不振。

虽然我学习成绩不错，也担任着学生干部，心中还是非常苦闷，在众人

面前抬不起头。谢远谱老师和父亲极为严厉地批评教育了我,父亲为此还痛心疾首——万一影响学业,望子成龙化为泡影,一家的梦想就破灭了。

我是比较乖的孩子,当然很听老师和家长的话。我也是会思考的人,从这件事情之后,我才开始真正理解父亲母亲,开始独立思考,苦闷之中并不自暴自弃,不过,感情和面子还是很伤人心的,日子很难过。青春时期的情怀最让人难以忘怀,年轻时的你和我再也找不回来。

初恋的记忆并未消退,失恋的痛苦存留心底。1990年我撰写的文章《苦恋》被出版社选编入大学生丛书《爱像青橄榄》,后来我把它编进了(2)班首期同学录,也是在这篇文章成文后,内心不敢触碰的情感才稍稍得到慰藉。

1992年7月大学毕业,我被分配到常州压缩机厂,因为对工作不满意,又南下广东找单位,辗转整整一个月,结局是改派回赣州,进入江西气体压缩机厂。在赣州工作期间,恰巧初恋女友也在赣州,谢远谱老师有一天给我来信,意思是:中学时你们彼此有意,现在是否再续前缘你可以考虑了。

我当然不会因为老师的一封信、一段话而决定自己的爱情,事实上,还是双方心灵的驱使,那份彼此心底都没有放下的感情还是因为家庭的反对又让我们重回陌路,在那个大雪绵绵的春节之后,初恋宣告结束。

有人说失恋使人成熟。初恋的经历让我比同龄人更早地思考和理解亲情、爱情和友情。席慕容在《无怨的青春》一诗中说:

在年轻的时候

如果你爱上了一个人

请你,请你一定要温柔地对待她

不管你们相爱的时间有多长

若你们能始终温柔地相待

那么

所有的时刻都将是一种无瑕的美丽

若不得不分离

也要好好地说声再见

也要在心里存着感谢

感谢他给了你一份记忆

长大了以后

你才会知道

在蓦然回首的刹那

没有怨恨的青春才会了无遗憾

如山冈上那轮静静的满月

我和谢远谱老师真正的交流，就是从初恋事件开始的，我并没有因此而疏远他，也没有任何对老师棒打鸳鸯的不满。高中三年尤其是后两年，我们师生俩经常在他房间深聊，班级、工作、学业、未来，天南海北，慢慢地，我们似乎成了忘年交。

这段一般中学生没有的经历，让我更成熟、稳重，更有承受力，也让我对社会和人生有了更早的认识。这是我在中学最重要的关键事件，由此及彼，每个（2）班人都从自己高中三年的关键事件中得到启发、受到鼓舞、积极改变，这是恩师谢远谱带给我们的成长价值。

我的作文情结

我的初中班主任黄振荣老师是兴国教育界的名师，受父亲和他的影响，我在初中就开始表现出对写作的兴趣，喜欢舞文弄墨。高中班主任谢远谱老师与黄振荣老师和我的父亲三人相交甚密，他虽然教物理，却有着深厚的国学底蕴，他喜欢诗词歌赋，除了正常的物理教学，他还博览群书、广泛阅读，经常将读到的美文与同学们分享。

我高一参加了小荷文学社，时不时动笔写写小文。暑假不用补课的日子，在家里伏在不知道公公从哪里捡回来的那张又矮又破的小圆桌上，用他带回来的空白表格作为稿纸，写了一篇《那天，农历七月十五》，开学之后，正巧学

校下发通知,号召同学们参加华东六省一市中学生作文竞赛,在邱久荣老师和欧阳禄老师指导下投稿到主办单位——上海青年报社。没想到,某个初冬的早晨,我照常早起出操,在经常悬挂黑板张贴通知的大树上看到了由团委发出的消息,顿时为之一振:我的作文获得了华东六省一市中学生作文大赛一等奖,整个江西省只有五个人——这个消息刊登在《江西日报》第一版。一下子校园炸了锅,陈祖林成了平川"名人",荣誉和小额奖金、实惠奖品一个个奔来,1987年我被评为江西省"创造型学生"。

这件事对我的影响是革命性的。荣誉是次要的,最重要的是它使我建立了强大的信心,把我从低迷的心理状态中重新激发到高昂的斗志。

从此,我对写作的喜好从下意识的自发状态进入了正式的个人习惯,从初一给广播站写稿《雨中的小树》,到高一在小荷文学社照猫画虎,除了语文课布置的作文,高中毕业前我陆续在《青年报》《赣南日报》和县文联刊物等发表了若干篇作品,后来加入华中理工大学记者团,也在校报和《长江日报》上发表了不少作品。大学毕业后,我在江西气体压缩机厂、松下·万宝(广州)压缩机有限公司,也坚持业余撰写报道、文章甚至业务论文。可以说,中学阶段培养的写作习惯,使我在职场中很快脱颖而出,并建立个人优势,比同龄人更快地获得了发展机会,这也是我受益于写作能力、建议在母校平川设立"振荣杯"和"远谱杯"作文大赛的动机。希望同学们在最重要的中学阶段重视语文学习,重视阅读和写作,重视从中国国学中汲取营养。

学生干部,宝贵的锻炼

从小学到高中,小学毕业我是全乡第一名,初中毕业我是全县第二名,高考我是全县第五名,虽然成绩一直是名列前茅,其实,对人生帮助最大的,还是读书期间担任学生干部的经历。

从小学二年级到大学二年级,我一直都担任学生干部。从班长、团支部书记到学生会副主席、年级宣传部长,不能不说,这与我一路得到众多老师的

赏识有关。

我在高中三年一直担任团支部书记，不论成绩好坏，也不论思想跌宕，谢远谱老师从未放弃我。三年期间，我和班长胡健与（1）班熊江、赖云峰等班干部一起，策划和组织了很多学习、运动和陶冶情操的活动，还要协助班主任做同学的思想工作，这无疑增加了很多同学难以得到的体验。

我和熊江同学还比较早地进入了学校团委和学生会，得到钟华东、钟苏杰、陈宗炫和蔡能斌等老师的培养。1985年底，我和熊江、蔡洪波和几位同学策划编辑出版《平川校园报》，得到校团委的支持，我们向同学征稿，也自己撰稿、排版、刻蜡板、油印，每每看到自己创作的报纸，闻着它散发出的油墨香，这群十五六岁的少年，无不洋溢出内心的喜悦。

"创造型学生"这个荣誉在无形当中给了我指引，让我在策划班级活动时用求新求变的思维进行思考，虽然那时难有真正意义上的创新，"创造型"这个词却在心里扎下了根。现在经营一家微型公司，我也养成了求新求变、创意工作的习惯，创新能力已经成为零牌顾问机构的核心能力，这在同质化竞争的环境中至关重要，我想这也许与那个"创造型学生"的名称指引有着某种程度的潜在关系吧。

我和恩师两家情

我的父亲在平川中学外面开包子馒头店15年，靠小本生意维持一家生计，也接济过不少家庭极其贫困的学生。从谢远谱老师在赣南师专来平川实习时父亲就与他相识，在我进入他带的班级后，两人的交往就非常密切了——2014年3月，我在《我的父亲母亲》一文中写道：

父亲关爱孩子，对每一个孩子的教育和成长都倾心倾力，与老师密切沟通，望子成龙心殷殷情切切……

父亲把有限的经济能力最大化地用于孩子们的就读，他的理想就是未来随儿子到大城市生活，"我不做房子，我儿子考大学，我要跟儿子出去"，父亲常挂在嘴边的这句话既表明自己的追求,也是对儿子的期望……

父亲和谢远谱老师密切交流,时时刻刻关注我在学校的表现,加上与恩师意气相投,两人相交渐深,逐成挚友。高一的暑假,我就和父亲来到谢远谱老师的老家均村,见到了师母,还见到了师公——兴国老一代教师谢瑞凯老师;高中毕业那一年,我们二度进均村,又在恩师家小住了几天;进入大学后,每逢放假回家,见上父亲母亲之后我必定立即去找谢远谱老师。

陈家和谢家的交往至今30年,师母、师姐、师妹、师弟,越走越亲,我和谢远谱老师的师生情又糅进了没有血缘的亲情。刚进大学,第一次离开父母和家乡,每天晚上都做梦,梦里都是高中生活、父母之爱、姐妹亲情。4年期间,我和谢远谱老师书信不断,不时报告学业近况。毕业分配不如意,辗转一个月回赣州,失落之时我得到恩师的安慰和鼓励。1994年春节,我义无反顾借债跳槽到广州松下,在赴马来西亚研修之前回了一趟兴国,第一时间把这个好消息告诉恩师,并邀请黄振荣、谢远谱等老师吃饭,感谢老师们的培养之恩,端起酒杯时哽咽落泪,悲喜交集。

2005年国庆节,(2)班同学代表与谢远谱老师、师母和师弟合影

遗憾的是,谢远谱老师积劳成疾,肝病加重。2005年8月底,我专程回兴国看望住院治疗的恩师,一见面,言未出,不禁潸然泪下。因为师弟已经考

上江西农业大学，恩师又病来如山倒，我请恩师放心，师弟读大学的事情我会安排好。当年国庆节，我和刘立钰、熊江、吴强等同学前往均村看望谢远谱老师，午餐后合影留念，未想到这一面竟成永别。

谢远谱老师走后，我和师母、师弟的往来更密切了，每逢春节假期，一种责任和感情无形中驱动我一定要去山里看望师母，平时我和她也偶有电话。令人欣慰的是，师弟谢秦华在江西农业大学从专科读到本科、硕士研究生，现在在南昌从事企业培训、猎头等方面的工作，师母身体尚健、精神矍铄。

永远怀念谢远谱老师

有人说，人生有三大幸运：上学遇到好老师，工作碰到好领导，结婚找到好伴侣。

（2）班人是幸运的，幸遇谢远谱老师。

陈祖林是幸运的，幸遇恩师谢远谱。

谢远谱老师像是上天赐给我的礼物，青涩年华相遇，相伴20年，除了父亲母亲，他是影响我人生轨迹的最重要人物之一。在离开平川之后，我和谢远谱老师两家像亲人一样往来，两家三代人，与谢远谱老师一生的师生情，成了我生命中最重要的组成部分。

永远怀念，我的恩师谢远谱。

永远感恩，我的恩师谢远谱。

2016年12月30日，广州

父亲记忆

——怀念父亲谢远谱

谢秦华　谢远谱老师之子

远溯晋书，园育百花，东山白云酿时雨；
谱续宏业，杏坛执教，西塘青草荡春风。

在我的记忆里，父亲常年以校为家，回家犹如做客，他把他所有的时间和精力都放在了学校，献给了学子。

——题记

不曾提笔，今又提笔。

2015年以来，一直想写写我的父亲，但是，每当想起却不知道从何写起，笔未先提，泪已成行，迟迟未能如愿。2005—2016年，转眼间，父亲离开我们已经11个年头，如今，再次提笔心虽酸楚，却已不再是往日的激烈，更多的是一份平和，这或许是而立之年的一种蜕变。望着窗外那繁星点点，一段段记忆向我走来，那是父亲焦灼的身影，那是父亲久违的容颜……

童年记忆

记得1993年的酒。那年夏天大姐出嫁，儿时的我因为少不更事，和8个年龄相仿的玩伴在宗祠里霸占了一桌喜宴。那时的宴席都是方桌，桌面小，一群玩伴好是热闹开心，觥筹交错间，三碗水酒下肚的我飘飘欲仙，晃悠晃悠地回到了客厅。在客厅做事的父亲,看我满脸通红,摇摇晃晃,问我怎么了,我说喝了三碗水酒难受。没等我说完,父亲一把把我抱到房间,让我安静地躺下,让姐姐端来一碗酸菜缸里的泡菜水喂我喝下。看我在床上辗转反侧,难以入眠,父亲看土方法效果不明显,示意给我抠抠,吐出来就好了,看我死活不答应,父亲没办法,只好让姐姐哄我入睡。酒醒后姐姐告诉我,在我熟睡的时候,父亲在房间隔壁的客厅,来回踱步,一会儿进房间看看我的被子,一会儿摸摸我额头,甚是焦虑。

记得父亲的过滤嘴香烟。父亲烟瘾很重,每次从学校回来,睡到半夜都会咳嗽,并且咳得好厉害。有一回,我偷偷地从父亲口袋里拿了一支香烟,学着像父亲一样点着,大口大口地吸,呛得我咳个不停,眼泪也熏出来了。这一幕刚好被父亲撞见,他告诫我以后不准拿他烟,害怕的我悻悻地走出房门。而后的一次,我问父亲:这烟这么呛人,抽了还咳嗽,你为什么还每天抽?父亲沉默了,没有直面回答我。后来,父亲把烟戒了,口袋里没了烟盒,多了些许红瓜子。

儿时和父亲相处的时间不多,记忆里父亲就是这么一个有目标、自制力强、疼爱我们的人。

父亲献身教育,母亲担当家庭

> 远溯晋书,园育百花,东山白云酿时雨;
>
> 谱续宏业,杏坛执教,西塘青草荡春风。

这是2006年我在整理父亲手稿时看到的一副对联,不禁再一次勾起我对父亲的回忆。

在我的记忆里,父亲常年以校为家,回家犹如做客,回来个一两天又走了,一个月回一次家,忙的时候甚至三四个月回家一次。他把他所有的时间和精力都放在了学校,献给了学子。

因为学校在县城,我们一家老小住在乡下。记忆中,父亲每次回家都像是大变活人一样,来无影去无踪。每次回来基本都是乘坐周五晚上最后一趟车回来,到家已经很晚,我们基本都睡了,每次离开都是在周一清晨4-5点去圩上赶第一班汽车,那时我们都还在睡梦中,早晨醒来已不见父亲踪影。每次夜深到家都是母亲在等他,每次清晨离去都是母亲在送他。母亲用女人的肩膀扛起这个家,给予父亲最鼎力的支持。父亲选择母亲,成就了他的一生。

家里老小的照顾,家庭的收入,一切的一切,父亲都交给了母亲。记得1993年爷爷、奶奶过世,父亲都在省城开人大会,母亲把所有后事料理得顺顺的。关于母亲,父亲说得最多的一句话就是:我老婆大字不识几个,把一家老小照顾好,把这个家料理得很好,多亏有她。

父亲是个有智慧的人。记得2002年快递行业还没怎么兴起的时候,父亲曾让姐夫考虑从制衣行业改成去做物流;2005年我读大学的时候,父亲让我打电话去学校咨询能否不迁出户口,农业户口会有增值……

手持喊话器上课的人

——追记全国优秀教师谢远谱

温世银

原载兴国平川中学网站 2009 年 2 月 11 日

http://www.xgpczx.net/ReadNews.asp?NewsID=1167

一位心中有学生，唯独没有自己的优秀教师，他默默地伴着病痛的折磨，倾心教育事业，在声音相当微弱时还手持着喊话器，坚持为学生上课，与病魔抗争……然而病魔还是无情地夺走了他那 58 岁的生命。

他，就是全国优秀教师，省人大代表，全国优秀大学毕业生，江西兴国平川中学副校长谢远谱。

作为"老三届"的谢远谱，1966 年高中毕业后回到了偏僻乡村当民办教师，1977 年成为恢复高考后首届大学生，三年后以全国优秀大学毕业生（并获国家金质奖）的成绩毕业并分配到家乡平川中学任教。从一个普通的教师做起，逐步成为物理教研组长、教务处副主任、主任、副校长，并一直担任班主任工作，而且每届都是挑人数多、基础差的班级。

2004—2005 学年又担任了高三毕业班教学和班务工作，为了学生，他忽略了自己的病情，吃些常规药又在上课。到 2005 年 2 月（春节前），事实上已经是病入膏肓的他，仍然用热心对待教育事业，用爱心

谢远谱老师夫妇合影

对待同事，对待他的学生……到最后他体力不支、声音嘶哑，却硬是带病坚持上课。后排的学生听不到自己的声音怎么办？他便向政教处借来一个大功率手持喊话器，硬是提着喊话器坚持上课。当虚弱的声音从小小喊话器中传出，全班70位学子无一不为之感动，那激动的泪花纷纷夺眶而出。终有一天，谢老师晕倒在讲台上，仍不肯入院。最后学校多方劝说他才勉强答应去医院检查一下，但无情的检查结果却使人惊呆，命运给这位老师宣判了"死刑"——肝癌晚期。

住院期间，谢老师心里装的仍是他的学生们。住院第三天，病情稍有好转，他硬是在家人的搀扶下，拖着虚弱的身子，回到了学校，他要给几位学习稍差的同学补补课，当他消瘦的身影出现在教室门口时，同学们都惊呆了。大家不约而同地站了起来，用崇敬的目光看着这位慈父般的敬爱的老师，教室里响起了一阵雷鸣般的掌声，随即是一片哭泣声。"老师啊，老师，你怎么心中只有我们，唯独没有自己啊！"

也许有的人会说谢远谱是在玩命。是的，谢老师在拼搏奋斗，在呕心沥血地教书育人，在燃烧自己，照亮学生。他用孱弱的身躯撑起教育的蓝天，托起明天的太阳。他为人师表，以身作则，关爱学生，以德育人，注重对青少年进行思想引导和操行培养，经常拿出微薄的工资为学生代缴学费、买饭菜等。他常要求学生要"孝敬父母、尊老爱幼、尊敬师长、尊重他人"，要"做好人、做真人"，要求学生"生活上自理，行动上自律，情感上自悦，心态上自控，评价上自省"，要"从口上做起，从小事做起，从我做起"。他对每一个学生一视同仁，从不过严或过松地对待学生。他常说"教不严，师之惰"。课堂上严格管理人，课后关心人，抓住学生闪光点，多表扬进步学生。他坚持以石达开的名言"为人师表肃然起敬，误人子弟男盗女娼"为警句，树立"德高望重"的威信。他常说的名言是"任何学生将来都有可能成为重要人物""自然界可以开不结果的花，培养人的工作绝不允许出'废品'"。他的班级长期培养"敬（思想上）+静（学习上）+净（行为规范）=竞（竞中取胜）"的班风。

他还要求学生每学期给家长写一封亲情信，体谅父母劳动艰辛，不辜负父母养育之恩。他把学生当作自己的子女看待，关心爱护，有错则批评教育。

一朝为生，终身受益。谢老师的学生们感受尤深。每到寒暑假，逢年过节，探望谢老师的学生络绎不绝。分布在全国各地各行各业的学子们都回到老师身边，再聆听教诲。特别是在2005年国庆节期间，当学子们听闻敬爱的教师身患绝症时，更是自发地从四面八方到医院看望老师，见上最后一面。这一切都是对一位优秀教师最高的回报和最大的安慰……

现任江西农业大学副校长的池泽新，是听着谢老师的教诲一步步走过来的。当看到关心自己成长的恩师病得不成人样时放声痛哭"多想再听听老师给我们上课的声音"……池泽新就是兴国平川中学连续坚持26年如一日的"高一（2）班爱心接力"照顾孤寡老人活动的第一位手持接力棒的高一（2）班的团支部书记，而这活动的创始人就是当年高一（2）班班主任谢远谱老师。那是1983年春天的一个午后，兴国平川中学高一（2）班的池泽新、唐立新等几位青年团员在聊天中得知，家住学校附近的革命烈属汪发英、王照秀等3位老人身边无儿无女，生活难以自理。进一步了解情况后，在谢老师的大力支持带动下，池泽新等同学发动班上的广大团员捐钱物并组织青年志愿者活动，承担起轮流照顾3位老人生活的责任。一年后谢老师根据学生的学习任务情况，建议由新一届的高一（2）班来继续承担此任务。此事得到了学校党政的重视，为此学校决定实施"高一（2）班爱心接力"活动。20多年的时间，老人走了一个又一个，学生换了一茬又一茬，唯一不变的是高一（2）班青年团员的爱心、孝心。26年里历届高一（2）班学生们将照顾孤寡老人的责任一届届地传承下去，一千多位学生从活动中体会到什么叫爱心，什么叫孝心，体会到了助人为乐的快乐，谱写了一曲动人的奉献之歌。坚持长达26年如一日的"高一（2）班爱心接力"活动在《人民日报》《人民教育》等20多家海内外知名媒体上多次被宣传报道。

谢远谱的一生是为教育事业奋斗的一生。他知识渊博，专业知识扎实过

硬,工作中踏踏实实,对学生严格要求,对教育教学工作精益求精,教育教学语言风趣、幽默,至今在他的学生中仍然广为传诵。他教学艺术高超,教育教学成绩显著,不仅精于物理教学,还是优秀的班主任,即使在担任教务处副主任、主任乃至学校副校长等重要行政职务之后也从未间断地担任班主任。他分管学校德育和班主任工作期间,经常要求教师要有高尚的师德,并做表率。他规定班主任工作要做到"七性",即要有"务实性、前瞻性、权威性、全面性、导向性、目标性、科学性"。强调做班主任工作不能"失控、遥控",更不能"填空",应"守岗、守时、守职——敬业",工作要做细,做实,切不能把矛盾上交,学生养成教育应抓严、抓实、抓勤、抓早,见不良行为应制止,不能失职。要当好教育者、管理者、工作者,并常常提醒班主任"培养人的工作绝不允许出'废品'"。要求班主任"以德感人,以德树威",班主任应树立良好形象,注意自身的人格、特长、得体,将影响学生一辈子,班主任应"严于律己、师德为本",谦虚谨慎,不断进步,不能"昙花一现"。他做班主任工作的传统做法是"勤、严、活、析、实",不愧是学生人格的塑造者,他对学生"仁爱",从不利用职务之便向家长提非分要求,的确达到了"德高望重"的境界。

在谢远谱老师手中,一届又一届的学生以优异成绩进入大学,走向工作岗位,成为各行各业的骨干和带头人。如今谢远谱老师的学生们仍然记得老师如严父般的严格要求,如慈母般的爱惜呵护,谢远谱老师的音容笑貌至今仍记在学生们的心里。因此,他常说:"当教师没有当过班主任等于喝一辈子白开水。"

当噩耗(2005年10月12日)传出,同教研组的钟老师痛哭着说:"我每次向他请教教学中的问题,他都仔细地为我解答,像教学生一样教我备课、上课,对我教学水平的提高给予了极大帮助,真舍不得他走,以至于现在路过他房间都习惯性地要去向他请教问题。"

谢老师的一生极为俭朴,在整理他的遗物时没有发现一件华丽的衣衫,没有一件高档的家具，仅有一部20世纪90年代买的黑白电视机。有位同事则说："在兴国找不到第二个比他更穷的科级干部。"更多的是证书、奖杯、奖状和学生不同时期发来的贺卡、信件，以及一叠一叠发黄的教案，一堆堆陈旧的教科书。这就是他最大的财富。

谢老师在生病期间，一直受到县委、县政府、县组织部、县教育局、平川中学等各级领导，以及单位职工、社会各界人士、亲朋好友、学生等的看望、关心和问候……

纵观谢远谱老师的一生，都是在为教育事业奋斗，为自己心系的事业倾情奉献，他的敬业精神和高尚的品德将永远值得我们学习和怀念。

谢远谱用生命书写的日记中有这样一句话：自然界可以开不结果的花，培养人的工作绝不允许出"废品"。

这就是谢远谱，一位教师中的英雄。

在这离别三周年之际，仅以此文深切怀念我们尊敬的谢老师！

创造人生的关键事件

在兴国平川中学首届"远谱杯"作文大赛颁奖仪式上的发言

刘立钰 兴国平川中学1988届校友

【提要】可以说,这次数学竞赛作为一个转折点,改变了我的人生轨迹。我希望,一年一度的"振荣杯"和"远谱杯"作文大赛,也能够作为同学们的转折点,创造人生的关键事件,使大家在学习上更上一层楼,将来考上心仪的大学。

1985年到1988年,三年平川高中生活,幸遇班主任谢远谱老师。承蒙平川中学各位老师的悉心教导,高中毕业后我考入了清华大学,现在在北京工作。今天,非常荣幸作为谢远谱老师的学生代表发言。

今天到场的有谢远谱历届学生的代表近50人,包括1985届高三(2)班的代表、1988届高三(1)班的代表、1988届高三(2)班的代表、1988届高一(2)班的代表。

首先,我要感谢陈祖林同学慷慨捐助设立以黄振荣老师和谢远谱老师冠名的"振荣杯"和"远谱杯"作文大赛,这是一件影响深远,非常有意义的事情。

每年一次的作文大赛,能让更多的学弟学妹们记住黄振荣、谢远谱两位名师。黄老师已经80高龄,谢老师英年早逝,他们早已离开讲台,淡出了大家的视野,但是这两位老师代表的高尚的师德师风,值得大家永远铭记并传承下去。

一次竞赛的获奖,能够极大地增强同学们在学习上的自信心,从而提高整体的学习成绩,甚至可能因此而实现命运的逆转。我想给同学们分享一点我的经历：我来自农村，初中毕业于龙口中学，这是一所乡镇中学，在上高中之前，我连兴国县城都没有去过。高中入学时的成绩，和平川初中部毕业的同学是有很大差距的，当时也没什么自信，从来不敢奢望有朝一日能够超越他们。但是在高一下学期，我作为数学兴趣小组的一员，参加了一个赣州地区数学竞赛的预赛，虽然成绩不好，只得了鼓励奖，却是我们学校所有参赛同学中的最好成绩。这件事情就像一颗火种，点燃了我所有的学习热情，释放了我所有的学习潜力，从此，我的学习成绩稳步提升，直至最后考入清华大学。可以说，这次数学竞赛作为一个转折点，改变了我的人生轨迹。我希望，一年一度的"振荣杯"和"远谱杯"作文大赛，也能够作为同学们的转折点，创造人生的关键事件，使大家在学习上更上一层楼，将来考上心仪的大学。

其次，我个人要借此机会感谢谢远谱老师和平川中学对我的培养。平川的三年，使我实现了从龙口到北京、从农村娃到大学生的跳跃，如童话一般。可以说，没有谢远谱老师和平川中学，就没有今天的我。

因为性格内向，惧怕和老师交往，我主动找谢远谱老师交流的次数并不多，谢老师却像父亲一样，默默地关注着我的成长，平时任由我发展，只有在我有犯错迹象时才会找我谈话，但是每次谈话都让我至今印象深刻。

2005年国庆，得知谢老师病重，我和祖林、熊江、吴强等几位同学前往老师家里探望。老师当时是肝癌晚期，身体已经非常虚弱，思维也已经不太清楚了，但是看到我们几位同学，还能立即认出我们，可见老师心里对我们所有同学的关心和关注。

遗憾的是，在我返回北京的一周内，老师就永远离开了我们，这是我们所有同学最大的憾事。虽然老师离开了人间的讲台，但是我相信老师在天堂也会继续从事教育事业，也会培养出杰出的人才。

最后，我代表所有谢远谱老师的学生，祝师母全家吉祥安康，祝母校平川中学人才辈出，祝老师们桃李满天下，祝同学们学业有成，谢谢大家。

2017年3月4日 江西兴国

难忘的背影

胡健　兴国平川中学1988届校友

第一次见谢远谱老师是在高一开学的那天，弹指一挥间已经30多年。我记得他穿一件半新中山装，40岁上下，中等个头，身材单薄瘦削，面容清癯。看见我来报到，笑容可亲："你就是胡健啊，统考成绩蛮好，个子有点矮，以后要多锻炼。"听完这些，我满身的拘谨顿时消解大半，心想可算碰到一位和蔼的师长了，心中不由得窃喜。

日子久了，我才发现第一印象失之偏颇，其实老师平时不苟言笑，不善交谈，某些时候甚至有些刻板。给我最深和最多记忆的，是他永远匆忙的脚步，走路时双肩微耸，步频极快，和他同行，多数人都跟不上。或许是教学压力大，或许是家中繁事多，印象中，老师总是神色严峻，不停地埋头赶路，要么穿梭于教室和宿舍之间（那时候老师们并没有专门的办公室），要么在焦急地赶回乡下老家的路上。脑海中不时浮现的，多是他行色匆匆、略显孤独的背影。

老师不善做思想工作，主要是靠润物无声的身教，治学严谨、不言自威，对自己要求极为严格，晨练早读晚自习，他总是最先到，备课记录一丝不苟，上课的板书工整干净。家庭负担重，老师生活极为简朴清苦，家里田间缺壮劳力，记忆中他几乎从不请假，情愿苦师母和孩子，也绝不耽误给我们上课。

老师对学生很宽容平和，很少看到他发脾气或厉言训斥我们，不论学生出身何处，都一视同仁、不偏不倚，充满长者风范。有人早恋或苗头不对，他只是点到为止，不强行棒打。我这个班长一直不是很称职，他也是保持足够的耐心，留足成长和改进的时间，并没有轻易否定。老师教物理，我对电学滑动电阻问题总是不开窍，可变电阻左右滑动，问你灯泡变明还是变暗，有时我甚至觉得出这种题目的人无聊透顶，应该送去西伯利亚劳改。老师从实验室借来器材，手把手不厌其烦地为我答疑。若干年后，自己的孩子碰到相同的困惑，我除了苦笑，更多的却是暗自神伤：小妞，你有福气遇到谢远谱这样的老师吗？

上大学以及毕业后，极少见到老师，入学第二年，社会有些动荡，矛盾丛生，内心苦闷迷茫，我曾给谢老师写过一封长信倾诉，期待他详尽解惑，可回信只有一张纸，一行字："珍惜时间，好好读书。"30年后的今天，我似乎越来越明白这句话的分量了，只可惜老师已英年早逝，不能再当面聆听他的教诲了。

逝者已矣，生活还得继续。潜移默化，老师身上那些优秀品格，或多或少都传承在我们每一个学生身上，终身受益。

愿老师安息，愿我等继续奔走在折腾与追梦的路上，各自安好，生生不息。

2018年11月6日上海

祖林的老师

陈秀芸 兴国平川中学校友

老师,你们现在还好吗?

曾记得,你们送走了上一届学子,又迎来下一届新生。啊!一群刚离开小学进入中学的少年,你们又要为他们的未来日夜操劳了。

我的孩子陈祖林1985年9月进入初中后,分配在黄振荣老师带的初一(1)班,承蒙黄老师关照,祖林当上了初一(1)班班长,黄老师以他丰富的教学经验传授着知识,使学生们获益匪浅。我为祖林有这样一位认真负责、有着丰富教学经验和关心学生的班主任感到庆幸。

我记得,初中阶段教过祖林的老师有:语文老师黄振荣,数学老师陈郁斐、邱成义,英语老师周惠华、刘徽荣,化学老师肖百华,物理老师陈人丰、蔡秀琪,政治老师钟苏杰、黄高培等。肖百华老师上化学课时穿着白大褂,手提一个木制的装有化学试剂的篮筐,笑容满面地走向讲台;刘徽荣老师上课时打一个喷嚏,特有的响声引得同学们哄堂大笑;蔡秀琪老师时常穿着农民装束一样的衣服,不知道的还以为他是作田老俵呢。

祖林初中三年,老师们精心教学,把自己的知识传授给学生,我真庆幸祖林能有这么多的好老师。

1988年9月上高中后,祖林同样碰上了一群认真教学的好老师,他们是:语文老师秦志斌,数学老师侯礼阳,英语老师周惠华、朱克华,生物老师钟振荣,政治老师叶秀峰,化学老师谢忠庚等,还有一些老师记不清了。班主任谢远谱老师和我建立了深厚友谊,可惜他英年早逝,我为祖林失去了一位好老师

而惋惜和悲痛,我对谢远谱老师深深地怀念。

祖林的老师们培养了一批又一批的优秀学生,现在都在各自的岗位上努力工作,很多同学都成为社会的中坚力量,真是桃李满天下。老师们!谢谢你们,你们的职业是光荣的,你们当的主任是全国最小的主任——班主任,但是你们又是全国最伟大的主任!

人民教师用自己的青春谱写未来,教育了一代又一代,你们用一生精力,为大学培养输送优秀学子,为社会培养、输送了大批优秀人才,你们的学生不会忘记恩师的教育,学生家长也不会忘记老师们的辛勤劳动。你们的学生在各自的工作上所取得的成绩都是和你们的谆谆教导分不开的。

作为陈祖林的父亲,一个学生家长,我是千感谢万感谢你们的。敬爱的老师,你们为祖林的前途付出得太多太多了,我千言万语汇成一句话:老师们,谢谢你们对祖林的培养。谢谢!

第四篇

刻骨铭心的求学一二事
——2015年首届"振荣杯"作文大赛获奖作品选

在路上

邹秦辉　一等奖，2015年秋高三（24）班

指导老师：刘启红

谷雨被时间收割，岁月摊开掌心，命运的路线穿越树影斑驳的山谷，跋涉过流云漫走的晴川，抵达未来，让比尘埃还微小的我看见以求学为名的光芒。一束一束的荧光，一束一束的忧伤，滴落在青春流离的洪荒里。

我是不一样的孩子，却不是天使的孩子。

嘴边的胎记是我与生俱来的孤独，伴随着成长，一路磕磕绊绊。时光荏苒，记忆添油加醋，许多事如迟暮的云，印证了那句"夕阳无限好，只是近黄昏"，仿佛到了记忆的终点。然而时过境迁，教室新了，道路新了，民房新了，好似一切都看不出有任何的陈旧与苦涩。也就只有当爷爷站在那贴满红色奖状如今已尘迹斑斑的旧墙之下，我看到他殷切期望的眼神；也就只有当奶奶翻出褪色皮箱里珍藏的缝缝补补的书包，我感受到她小心翼翼的呵护；也就是在这样触人心怀的无数个瞬间，儿时的琅琅书声、泛黄书页、春花秋月、夏虫冬雪如波涛汹涌闯入我的脑海，根深蒂固，成为我历久弥新的一场梦。

我最初是不愿上学的。因为走在人群里我找不到自己，而别人却总是能够轻易地找到我，我听过数不胜数的人低声说："她好奇怪哦！"对啊，我实在是太"与众不同"，以至于我长久以来都像一棵不敢抬头的小草，不是因为羞怯躲着阳光，而是自卑。然而芭蕉年年绿，樱桃岁岁红，时间的力量催促着我到大大的世界里去寻找属于自己的小小光亮，我无可抵挡。

一张板凳，一个厚实的红色布袋，两支哥哥用过的铅笔，一盒饭，爷爷

第四篇
刻骨铭心的求学一二事

牵着我来到学校。与想象中的学校大相径庭,没有上漆的校门,没有宽阔的操场,只是一层低矮的平房,两间屋子,前厅和后厅,歪歪斜斜地摆放着数十张破旧的桌子,两间厅房隔着一扇门,门边各有一块锈迹斑斑的黑板,靠墙放着,左右两张凳子撑着它,其中一张三只脚,也就是这样普通的一张凳子,给我带来了莫名的欢欣。每个大厅两个老师,瘦瘦的,都不高,关切地问着每个小朋友的姓名与年龄,知晓之后便亲切地唤起你的小名,帮你找个位置把板凳放下,告诉你,以后你将会坐在这里念书。我呆呆地坐在板凳上,看到爷爷从裤袋里搜出一个绕了一圈又一圈,包裹得严严实实的烟草袋,从里头掏出一沓叠得整整齐齐的零钱小心翼翼地递给了老师。之后,他走过来轻声地对我说:"丫头,爷爷回去种菜了,要听话,晓得吗?"我点点头,看着他佝偻的背影穿梭在人群中,最后消失在这山村弯曲的道路里。教室渐渐地满起来,每个人带的板凳都不一样,这让我觉得十分新鲜。更新鲜的是教室左右高矮明显,左边的是像我一样的矮个子,右边的是比我们稍高的哥哥姐姐,这样各两列地坐在同一间教室,你看我,我看你,顿时觉得整个乡村原来是那么大,有着那么多有趣的人。后来才知道我们是学前班,那边是一年级,每节课两个年级都是上半节课,写半节课作业,也知道了过两年我们就要搬到隔壁的大厅去,再两年我们就要走出这个小乡村,去镇里的中心小学读四年级,踏上一段比从家到这儿更遥远的求学之路。

教室很少,老师很少,同学很少,一切都显得那样简单,就像我们年幼的心灵,不必收容那样多的东西,也不需要计较太多东西。后来发现我们只需要学语文和数学,一上午语文,一下午数学,日复一日。学语文的时候,整个校园都飘荡着琅琅书声,宛若小河流水撞击着凹凸不平的石块,清脆动听。学数学的时候,我们到处收集细小竹枝,整整齐齐地折成小段,上课时,就把它们摆放在课桌上,慢慢地,我们学会了数数。有时候,老师会带我们去后山拾拣簧竹叶,教我们放在嘴边吹,那时便觉得这是世界上再好听不过的声音了。

读完一年级,平房门口的那棵桂树已经长高了许多,我们经常倚着树干,

比谁长得高,也就是在那一年,老师告诉我们学校将建新房子,我们很快就会有宽敞明亮的教室。接下来的一年,我们搬进了附近的一间民房。潮湿、阴暗,一群吵闹的鸡鸭,是我记忆里对它们最深刻的印象。可也就是在那样一所小房子里,我们不仅学到了更丰富多彩的知识,更培养了随遇而安的学习态度。

在这所小学的最后一年,我们如愿以偿地搬进了新教室。我成了每次考试的第一名,成了唯一一个背出《三颗纽扣的房子》、每学期拿最多奖状的人。靠自己努力争取得来的光环逐渐驱散内心的阴影,我从此爱笑爱闹,自信乐观,向阳生长。

今天,我知道四川师范大学三块八可以买两荤一素,知道了清华大学有24个食堂,可无论年岁怎么变迁,眼界怎么开阔,我最怀念的还是长伴儿时求学历程的那个小厨房,那位和蔼可亲的婆婆,那种百家饭的味道。

小厨房是离教室很近的一间屋子,我们的饭盒都整整齐齐地放在那灶台上,有瓷的,有不锈钢的,有白色的,有铁色的,好不和谐。灶台前总是坐着一位和蔼可亲的老人,我们喊她"金婆婆"。课间,我们总是高兴地帮金婆婆拾柴火,她总是满眼爱意地从我们手中接过,有时会有几颗糖分给我们。夏天,她耐心地打来井水,把我们脏兮兮的脸蛋洗干净;冬天,她就把我们冻红的小手一把手地塞进她大围裙的口袋里,暖烘烘的。中午放学,就会有一队接一队的小朋友排进小厨房,大家"金婆婆"地叫个不停,她就拿起一盒盒饭,念着饭盒上的名字,把它们一个个地递给我们,不断地叮嘱着"小心烫、慢一点"。这样的感觉很温暖、很舒心。有人抱着热腾腾的饭菜去了教室,有人坐在平房前的阶梯上,一群稚气的小孩咿咿呀呀地说着、笑着、吃着。有时老师的饭桌上会有肉,他们就会过来和我们一起坐着吃,把碗里的肉夹到我们的饭盒上,吃完就帮我们拍干净屁股上的尘土,睡个小觉再上课。而我们总是嬉皮笑脸地趴在桌子上,翻来覆去,看看四周的同学,又看看讲台上的老师,看着周围人一个个玩累了便睡过去,自己也不知不觉中睡着了。每当睁开惺忪睡眼，抬头便撞见老师温暖的眼神，整个教室都好似变得温柔了。那时只觉得老师的样子傻乎乎的、眼睛亮堂堂的，却不懂得那是父母眼神里才会有的关怀、信任与期待。最能温暖我童年、点亮我求学之路的便是从这样一个集体中得到的陪伴与分享，我开始慢慢正视自己的外貌，开始觉得所有人对胎记的问及都源于关心。那饭的味道、欢笑的声音，成了我生命中最软绵绵的记忆，像阳光下温暖的水泽。

写到这里，我想到了两个最简单的词：感恩与怀念。然后我感动了自己。

现今，我会收到许多同学结婚生子的喜帖，会看到儿时玩伴染着头发、打着耳钉、招摇过市。他们大多小学之后便停止了求学的步伐。我低头看看自己的帆布鞋、运动裤，我庆幸我还带着故人的希冀走在求学的路上，永不停息。

我坐在高三的位置上，看到窈窕春风轻盈吹起，看到孤寂夏蝉扑棱飞远，看到红林黄果染醉深巷，看到冬雪落白路人黑发。看到这些，我就忍不住想念那层矮矮的小平房，那棵懒洋洋的树，那猎猎回响的山风。

亲人的温馨陪伴，伙伴的如花笑靥，老师的谆谆教导，乡民的热心帮助，刻骨铭心。还有什么呢？春天的花香，夏日的盛果，秋季的红叶，冬时的白雪，刻骨铭心。再有什么呢？冻红的小手，破旧的布鞋，泥洼的山路，斑驳的黑板，刻骨铭心。最后呢？求学的脚步，好学的眼睛，勤学的双手，乐学的心灵，刻骨铭心。

我感恩这样一段求学岁月，感恩所有赠予我故事的人，感恩曾经执着坚毅的自己。林林总总，让我觉得梦想就像不知何时才会向我驶来的公交车，即使是在凄风苦雨里等待，我仍坚信那辆车始终会来，只是需要淋更多的雨，承受更大的风，等更黑的夜，走更远的路。

我选择了永远求学，选择了泥泞，我不羡慕一马平川。路很长，身未动，心已远。

我在路上！

路

何桂连　一等奖，2015年秋高三（19）班
指导教师：刘文华

岁月红烛一寸一寸燃掉。路，由山路走成马路，路，越走越宽；人，由一群走成两个，宛如飘零燕，越走，越孤独。最终，时光定格成这样一帧画面——两个纤弱但又倔强的小小背影朝着岁月深处一步一步向前走去。一步一步，坚定而有力；一步一步，无喜亦无忧；一步一步，在这个小小的世界角落里无知着、求知着。那样的一个地方，是该说"世外桃源"呢，还是应该说是一个被遗忘的世界在寂寞中孤独着、循着自己的轨迹起舞？

"一去二三里，烟村四五家。亭台六七座，八九十枝花。"鸡高岭，闻其名，会其意。自然，它有着"黄鸡晓唱玲珑曲"的生动景象，山巅之上，雄鸡俯看众山，将村庄耐心唤醒，将不得不早起上学的孩子们唤醒，将打点一家的奶奶们唤醒——妈妈们自然是在遥远的异域的。

路，在青色迷雾中张开大口吞噬掉我们小小的身躯，引导我们通往山脚"繁华"小村庄的学校里去，不时惊起几只野鸡，不时吓跑几只野猫。这时，小妹（姑且如此称道）与我便发出咯咯笑声，心满意足风驰电掣般朝山下奔去。

路，只有一条，通往亘古不变的方向。我们的路，也只有一条，那就是——离开这条路。

路，蜿蜒而上，书本上谓之盘山路，"之"字形，可减小坡度。一直向上向上，不得不佩服风水先生的独特眼光，不得不佩服先辈们迎难而上、白手起家的壮烈情怀，竟选择在此开辟疆域。已不知抱怨过多少次，为什么先辈们要在此筑居？也许是大人的世界，小孩不懂吧。

　　清晨，照例插一根枫树条在斜坡之上。"小妹这又是怎么了？那我又得一个人先走了。"我被深深的失望所裹挟。这是我和小妹的约定：因为两家相距稍远，两人不方便共邀上学，于是先走的那位要插一根枫树条在约定之处，以示先走，后来者便可加紧赶上前者。然而今天……失望很快消散。如果一件事已成为习惯，那么痛苦的棱角也会慢慢变钝，这是很早便学会的道理。小妹上学不积极，我早已明白，但我不愿妥协，不愿向这大山妥协。

　　路，从来不会停止延伸，终点，遥遥无期。结果与过程哪个更重要？我想我们是在乎过程的，不然，何以能踽踽独行五年时光？

　　已是黄昏，面对大山，我们便如匍匐在上帝脚下的子民，臣服着，行进着，阳光穿过密林，煞是好看——或许可称之为诗意。越是寂寞越是爱幻想，"幻想"是一路永恒的主题。天性使然，小女孩的我们最爱的便是为"逛街"做准备，尽情畅想未来。幻想着某一天捡到100元，某一天"翅膀"足够硬，某一天我们不再害怕独自走出大山，那么——那么我们首先会满足一下口腹之欲，巧克力、糖果、面包，把肚子塞得鼓鼓的；那么我们要买梦寐以求的洋娃娃，给她穿上最高贵、最华丽的公主裙，正如小说中的女主角般，正如所希望的自己那般。

　　幻想是麻醉，亦是力量，如此卑微的梦想在如今的自己看来该是会哑然失笑吧？

　　路，其实是危机四伏、充满辛酸的。

　　懒惰之心，怕是人皆有之，大大的书包成了一路不小的负担，灵机一动，我们想了一个法子——将书包藏于林中或石穴之下，轻松回家。一路祈祷着"老天啊，千万别下雨，就这一次可别那么碰巧啊"云云。但免不了几次那"珍宝"书包愣是给淋了个落汤鸡，郁闷至极，瞒着家人蹲在炉子旁烤书，一页一页烤干，宛如将弄湿的钞票烤干般小心翼翼。

　　探险是平淡回家路的大刺激,蛇的挡道则更令我们刻骨铭心。眼里噙着泪花,心抑制不住咚咚跳动,那种惊悸依然遗存心底,只是忘怀是以怎样的勇气迈过那一步——路,绕不得;路,注定带我们去远方。

　　单纯如路,只向着一个方向。

　　背书历来是那时自己的强项,只管把文字印在心底,依样复述。无聊至极,我已习惯边走边背书。

　　"从前有一匹老马和一匹小马,有一天,老马对小马说……"儿时那琅琅书声穿过接近十年的厚重岁月尘埃呼啸而来,隐隐有落泪的冲动,谢谢那时单纯的自己,谢谢那无止尽的路,让我坚强,让我懂得如何与孤独相处。

　　偶尔还会去仰望那条路,小妹说她再也不要走那条路了,那条路不适合她,明年中考完毕,小妹说,十几年的孤独之路终于要完结了。

　　但我想,我终是要沿着那路走下去的,求学之路本就是避不开的人生之路,不退却方能无憾于自己。

陪伴九年的味道

曾明强　二等奖，2015年秋高三（27）班

指导教师：刘立刚

花开了又谢，树绿了又黄。在四季的变换中，时光匆匆流逝。最终，疏疏密密的落叶声将我们送进了高三。在这个只允许向前冲刺的时期，我还是禁不住地回头望了一眼。

这天刚吃完午饭回到教室，便发现身后一位同学也刚回来，只不过手里还用塑料袋提着一个盒子，好奇似的询问了一下，得知是从家里带来的菜品，我更是忍不住要求品尝。同学殷勤为我开盖，只见盒中是腊肉拌菜干，虽无诱人垂涎之香，但模样也是大为可观。我将一块腊肉放进嘴里咀嚼，神情变得肃穆。"好吃吧？我做的哦！是不是很膜拜我的厨艺？！哈哈……"同学的大笑与询问并没有打断我的思绪，口中的那一块腊肉仿佛是一种化不开的浓情，刺激着我记忆中的味蕾。

时间回到遥远的以前。

小时候，爸妈都外出务工，我是留守儿童，由奶奶带我。

上学了，家里到学校的路途远。为了减少求学的奔波劳碌，我的中饭便是用饭盒带到学校解决的。于是，便有了许多的故事。

奶奶几乎是每天必须一大早起床为我准备早饭和中饭的。天未明淘米，再到菜园里采摘新鲜的蔬菜，经过细心地清洗，精心地烹饪，每一道程序，奶奶都细心谨慎，只是为了给她的宝贝孙儿吃饱吃好。恰到好处的是，每天早上出锅上菜的间隙，便碰上了刚起床的我……

为了能够赶上上午的第一节课，我起床后就得赶紧吃饭，为接下来的"长途跋涉"争取时间。而奶奶却在我吃饭时，在一边忙活着给我的饭盒里备

上中餐。饭吃完了，一切也准备就绪，我便开启征程。这时奶奶就会叮嘱我："路上别贪玩，上课要认真听讲，听老师话……""饭盒里的饭要到中午放学再吃，别还不饿就当零食吃，饿了就没饭吃了……"在饭盒的陪伴与奶奶的叮嘱声中，我开始了小学的求学之旅，一走就是六年。

村子偏僻，人口稀疏且分散，于是整个教室里有大半同学都是随身带着饭盒。我记得那时候大家都还小，嘴馋，有人在课间就忍不住把带来的饭菜当零食吃。更有大胆者，老师在讲台上指着黑板上的生字教我们念，他们却偷偷地在课桌下用勺子吃菜，结果往往是加餐吃了老师的一顿教鞭。这些同学都不懂事，就应了我奶奶所说的：到了饭点却饿肚子了……

我犹记得冬天是中饭味道最香浓的时候。因为冬天里我饭盒里已"干"的"粮"，在我吃之前是还需要进行一道特别的加工程序的。小学有一个给老师们做饭的厨房，也是全校唯一的一个厨房。冬天，天冷。我带到学校的饭菜到中午都已冰冷冰冷的了。于是，第四节课下课铃一响起，我和一群带饭的同学便拿起饭盒飞奔至学校厨房，企图利用厨房婆婆烧菜后灶堂内的"余温"将饭菜热一热。过程并不长：我将饭盒递到灶台上，厨房婆婆或是好心的学姐便会帮我（我那时还小，够不着）将饭菜一并倒入锅中，搅拌几下，有了一点热量后便铲起来，再进行下一个人的。每当这时，我们就会围在灶台旁，看看别人家带了什么好吃的菜。奶奶是最疼我的，我的饭盒里出现的菜，每天都不同。而且，素菜新鲜香脆，荤菜就是肉了，红烧猪肉、小炒鸭肉，花样很多。奶奶浓浓的爱意，亦在我的午餐中得到了浓浓的展现。

由于学校有厨房，所以我们还得交另类的学费——薪柴。薪柴一学年要交一到两次从一年级到六年级。按斤两，从低到高制定了一个交纳的标准。虽然我是老师眼里成绩好又乖巧的好孩子，但也没能幸免于这严格的规定。而奶奶认为我是带饭的，中午需要在学校的厨房热饭菜，所以每次学校说要交薪柴都是十分积极主动地帮我准备。在家里称好足够的斤两还要亲自送到学校，生怕怠慢了，学校老师就会不允许我热饭菜似的。

饭盒里的午餐，便如这样：六年如一日地填饱我的肚子，温暖我的心窝。只是我那时候还小，不懂事。不懂得饭盒里盛装的温情，不懂得饭菜中饱含的

第四篇 刻骨铭心的求学一二事

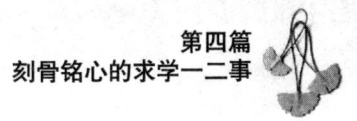

丝丝关爱。

渐渐地，我发现我的饭盒里不仅盛着我成长的身体，还盛着奶奶日益佝偻的身影。我成长的背后，更是奶奶日益地老去。

后来，我长大了一点点。我已经在我们村小学待了六年，虽然过程中成绩有过波澜起伏，但也还算正常地得到了上中学的资格。于是我需要到离家更远的镇中学读书去了。

在中学我需要住宿，往往是星期天去学校下个星期五才能回到家，而学校条件差，食堂跟不上服务，我们往往自带米和菜，供足五天的学习生活。于是，带着奶奶做的菜又成了我中学学习生涯的一道必不可少的内容。

由于在校时间较长，出于对我的心疼与关心，奶奶对我的菜是越发细心起来。为了让菜不会变坏，把精选出的菜干，拌上腊肉，抑或是腌鸭肉、鹅肉，拌上萝卜干的，还有酸菜拌鱼干……别的同学往往只带单调的一样菜，而奶奶却在我的饭盒内盛下了少而精的几样。更难忘的是我回到家的每个周末，奶奶都是用心地筹备着我"远行的干粮"，而我也是更加用心地投入到学习中。

一晃眼，又是三年。这时，我发现，一直陪伴我的饭盒，不仅偷偷地盛着我学业的升高，偷偷地盛着我离家愈远，更是偷偷地盛走了奶奶的健康……

草木葱茏，知了长鸣。当我正为中考而努力冲刺时，奶奶已然卧病在床，而我饭盒里的内容，已由妈妈代为填充。学习中的我，虽压力巨大，明知饭盒里的菜是妈妈做的，但感觉得出，就是少了一种味道。

奶奶最后也没能和她的孙子一起分享中考的喜悦。陪伴九年的味道，陪伴了九年的饭盒情怀，也随着奶奶的离去而消失不见。饭盒也没能再陪我走这漫漫求学路。

上了高中，已经不需要从家里带饭菜了。宽敞明亮的食堂里，饭卡"嘀"的一声，便可取到一荤一素三两饭的标准搭配。再也没有了"到了饭点却饿肚子了"……快节奏的进餐方式，也适应了高中快节奏的学习、生活方式。只是，吃惯了食堂的我们，是否会偶然想起学习生活中曾有的一种味道？

于贫瘠处绽放

刘祚梅　二等奖，2015年秋高三（36）班
指导教师：蓝兆沛

　　干燥贫瘠的地层里，一粒干瘪的种子蜷缩着，任寒流噬骨。

　　又是返校的日子，她草草地解决了午饭，并把家里的活儿过滤了一遍，确定使命完成后，立刻整理了自己的书包，准备出发。行至房门口时，她不禁停住了脚，"又要向爸拿钱了，我……"她心里的五味瓶又习惯性地被打翻了，酸楚夹杂着潮湿迅速蹿上鼻尖，又漫上眼眶。她清楚地知道，昨夜爸妈又失眠了，因为苦等了五个月的工钱依旧无信，而每日起早贪黑马不停蹄赶货的他们却还要忍受家庭支出的压力，这是何等的煎熬。"我怎么能给他们再加负担！""可我……"她踟蹰着，时而看看房内正在布料堆里奋战的父母，看着他们零乱发丝下沁出的密密汗珠，看着他们僵硬面容下严谨迅速的机械动作，又时而看看屋外渐衰的天色及墙上的钟摆……"不行……"她推开纱门，"爸，我、我要去学校了……"缝纫机的嘟嘟声显然盖过了她的声音，一旁的父亲依旧专注地干着活。"爸，我要去学校了。""啥，啥事？""她要去学校了……对了，给她生活费。"一旁的母亲转述给父亲。"生活费！"父亲似是被某种东西重击了一下，立刻停下了手中的活，惊愕地望着母亲。"我恐怕没那么多，昨天交完电费皮包就空了，你看看你那里有没有……""我哪有什么钱，五个月没发工钱了，有点零钱都用光了……"似是发现一旁低头不语的女儿，母亲话锋立转："应该还有的，我们去找找，准能凑出的。"说着便催促着父亲一起走出了房门。

第四篇
刻骨铭心的求学一二事

"'凑'吗？真的到了这种程度吗？"她心里默念道，只觉脸颊发烫，有一股冰凉的液体瞬时流下。

许多年过去，许多人改变，许多事发生又结束，许多画面出现在眼前又淡出视线，仅此一幕，却似时间赐予了U盘，定格在了她心灵的深处。

确实，她已记不清那日父母硬凑出一堆零钱后的尴尬面容，只是还能模糊地瞥见，她在一堆五毛、一毛的纸币和硬币中，抽出了一张五元和几张一元的钱币，满脸笑容地对爸妈说："这就够了！"然后拽起书包冲出了家门。确定离家很远后，女孩放声大哭了一场。那天，天灰暗；那天，风很凉；那一路，空气很潮湿。

"有什么？没什么啊？！"女孩似是发现自己哭了很久，开始劝说自己。而后仰望苍穹，记忆如潮涌来。打记事起，自己就和年过70的奶奶过，后来还有了小弟弟，父母常年不在身边，她不知道为什么自己要做很多同龄孩子不干的家务活儿，为什么自己的世界没有水果糖没有花裙子。为此，她也曾哭闹过，直到有一天，父亲摸着她的头说："再过一些时间，等你长高了，爸爸妈妈就给你造一幢大房子……"她乐了，把所有的不快都抛之脑后，梦里都在描绘着"城堡"的样子。要知道，能和别的孩子一样住上宽敞明亮的大房子是她最大的梦想，她已经受够了黑暗破旧，下雨天"全民动员"接漏水的土房子，厌倦了"床头屋漏无干处"的境况。春去冬来，时光的尾巴又扫过了几个寒暑，奶奶80多岁了，频频生病，父母被迫回家。他们竭尽全力给她造了一幢小小的"城堡"。"老太老，小太小，不走了，这些年在外漂，终于给老小弄了个可以取暖的地方。娃儿吃了太多的苦，我们让她轻松点吧，家里钱难挣，大伙凑合着过吧……"于是小小的房间里多了两架二手缝纫机，多了两个不舍昼夜奔忙的身影，寂静的夜里却也多了两个因迟迟未拿到工钱而发愁的熬夜人儿……

从家徒四壁，白手起家，父母吃了很多苦，她是明白的。很多同龄女孩已经出去打工，父母却竭尽全力挣钱供她上学，疼爱她，呵护她，她更是心如明镜。她是这个家的负担，却也是这个家的掌中宝……

"你是穷,可这是父母的错吗?!父母把所有最好的都给了你,你有什么理由说你穷,你应该是这个世界最幸福的富翁……你有什么理由自卑!""我一定要走出大山,走出贫瘠……"她狠下心,直瞪苍穹。

干瘪的种子微微一颤,似是有一股温暖的潮流浸入心田,滋润着它干涸许久的心。

凛冽的寒风中,依旧是那两件表姐赠送的洗得发白的二手棉袄,但节俭朴素的她学会了抬头看四周的风景;学校的小卖部依然少有她的身影,但食堂的刷卡处成了她自食其力的好去处,因为她的勤奋,阿姨们都喜欢上了这位小工友……

贫穷是一把钥匙,帮她打开了另一个世界的大门。因为生活困苦,她明白了节俭、勤奋的真正含义,更加知道勤劳的双手可以填补她人生的不足。因为不宽裕,她领略到了很多同龄人所不能领略的劳作之美、人性之善。而这些宝贵的财富,也慢慢铸就了她对生活更加珍惜,对人对事常怀感恩的品性。

初中,高中,三年又三年,光阴荏苒,时间带走了往日的泪水与磨难,却没有带走她贫穷的生活境遇。而那日的"临学一课"画面依旧,且如一杯酒越久越醇香。青春拼搏的路上,她时时告诫自己,那一课,该是镌刻于骨髓铭记于心的一课,因为它曾告诉自己:于艰难岁月中笑容依旧,不能用金钱来给养,而应该用爱与勤奋来滋养。父母倾其所有的付出是我最大的幸福与财富。

于贫瘠的岁月中开花,她昂头坚守着,用她自己的方式奋斗,以父母之爱做注脚,一年,二年,三年……

干瘪的种子终于冲破了地层,并抽出了芽儿。它看着自己慢慢长高长大,即使枝叶依旧泛黄,即使容颜依旧衰微,但它仍然坚持着向上生长,仍然努力地筑造花苞,因为它坚信:"我一定能开出花来。"

我就是那粒种子。

长大

曾国珍　二等奖，2015年秋高一（21）班

指导教师：谢军

人，只有经历了一些东西之后，才会长大。

——余秋雨

鹰，只有经历了从悬崖坠落的恐惧后才懂得振翅，因而翔于九霄；剑，只有经历了在熔炉炼化的煎熬后才得以铸形，因而青光凛冽；梅，只有经历了被大雪压迫的挣扎后才能够傲霜，因而馥郁芬芳；人，只有经历了从人间到炼狱再到天堂的起伏后才会长大，因而顶天立地。

16岁的年华，12载的光阴，在汪洋学海中争渡，从倚木凫水到游划自如，是成长，是蜕变，是经历风暴后的涅槃。一切如同龙应台说的："生活中有阴影，但更有阳光，阴影只是阳光的附属品。"

墙内·墙外

斜阳浅照在台阶上，一个清秀忧伤的男孩呆坐在石阶上，望着幼儿园无情的围墙，望着那一方天空，又想到那一幕的分离，天空、围墙便朦胧了。

那个明媚的上午，明媚得有些忧伤。男孩与父母来城里的幼儿园报名，"哇，好大的房子！哇，好清的泳池！哇……"眨巴着黑葡萄一样的眼，想到将在这儿上学，傻乐着。报名后，男孩拉着父母走向校门。妈妈给他一包糖果："我和爸爸找园长说点儿事，你先吃糖，吃完就回家。"男孩乖乖蹲在假山旁，一股脑儿地将糖塞到嘴里，化在口中，好甜，是爱的味道。

等待着，假山下的锦鲤不知第几次探头了，男孩起身去找父母，办公室没

有,教室没有,操场也没有……不见了?咯噔一下,心仿佛漏了些什么,恐惧漫上心头。他急得像热锅上的蚂蚁,疯狂地向大门跑去。看见正欲上车的父母,大喊道:"爸爸,等等我,我在这儿,我要回家。"泪倾泻而下,短短十几米的距离在此刻却犹如天堑。老师追出来拉住他:"乖,爸爸去给你买糖了,我们在这等他。"他不信,他哭,他闹,他疯狂地挣扎着,小手伸向大门,以为这样就可以挽留,但大门依旧关上了。他蜷缩在墙角抽泣着,阳光是那么刺眼,在嘲笑吗?泪一滴一滴流入嘴中,好涩,是思念的味道。这男孩便是我,这年,我5岁。

多年已过,渐渐习惯离开父母的生活,对此事已不再芥蒂,不再偏激。在父母自责于当年自己的忍心时,还能上前宽慰:"爸爸,谢谢你,是你让我学会独立。"也许,这就叫长大。

身前·身后

人的一生,陪在一起走路的人很多,但有的路只需短短的一截,便终生铭记。

"我宣誓,我志愿加入中国少先队,成为少先队员……"铿锵有力的呼声在校园内回荡,为那激昂的国歌配以最美的和声。

阳光为国旗镀上了金色的光晕,高贵且神圣。国歌奏响,六年级的学长双手捧着红领巾,一步一步向我走来,如同一位虔诚的圣徒,又像是下凡的仙童,小心翼翼地为我系上红领巾,那轻纱一样的触觉,让心一下子得到归属,那骄阳一般的颜色,使血脉偾张。"加油哦!"学长整理着红领巾温和地说道。

佩戴着红领巾,我用稚嫩的声音庄肃地对着国旗唱着国歌。这一刻,身前,是飘扬的国旗,身后,是起伏的红领巾;这一刻,身前,是无比的自豪,身后,是团结的城堡;这一刻,精神得以升华,心智得到成长。源于信仰,源于责任,源于荣耀。这一刻更深刻地懂得了一个词——爱国。这年,我7岁。

门内·门外

张爱玲说过:"笑,全世界同你一起笑;哭,你便独自哭。"只有经历了无数侮辱后的崛起才叫强大,就如韩信,只有浸湿了无数次的枕巾后的淡然才叫成熟,就如我。

一叶知秋,门前的老树在西风中撇下最后一枚书签后就沉眠去了。寄人篱下总是件拘束的事。放学后来到"家"门前,敲门几次都无人响应,无奈只好坐在楼梯上看书,风飕飕地从衣袖钻进,凉意从上到下渗透,泛起了一层鸡皮疙瘩,两排牙齿打得不可开交。一次次地敲门,依然是无人响应。坐在门口看着一个个放学的孩子牵着父母的手上楼,而我,只能看着,无助与孤独如同恶魔般纠缠着我。

……

黄昏谢去最后一丝光幕,黑夜降临,7点"哥哥"回来了,见到仍在门外瑟瑟发抖的我不由得愣了一下,问:"没人在家吗?不可能啊!"我嘟嘟嘴忍住心中的怨气。门开了,却见"奶奶"老神在在地正吃着饭,"哥哥"对她说:"你在家里怎么不开门啊,让人家在门外站了这么久。""我不养别人家的狗,不舒服就不要在我家住。"那欲喷薄的怒火瞬息被这言语浇灭,泪滂沱而下,跑进房间拿起手机欲对父母诉说,脑海中却浮现他们的模样、他们的笑、他们的皱纹。他们已为我操劳太多了,我没有资格再给他们徒增烦恼了,手机,又放下了。

夜,无边无际;雨,无休无止。当泪水流尽的时候,忽然明白,长大,是一种责任,是一种担当,更是一种承受。这一年,我 12 岁。

余秋雨说过:"成熟是一种明亮而不刺眼的光辉,一种圆润而不腻耳的音响;一种不需要对别人察言观色的从容;一种停止向周围申诉求告的大气;一种不理会哄笑的微笑;一种洗刷偏激后的冷漠;一种无须声张的厚实;一种并不陡峭的高度。"

恍然间,十余年的求学征途悄然而逝,那途中栉风沐雨,那途中披荆斩棘,蓦然回首,发现正是这一次次的打磨,一遍遍的冲刷,才让自己长大。

人啊,只有经历了一些东西之后,才会长大!

萌芽

邓顺华 二等奖，2015年秋高二（18）班

指导教师：沈训文

　　远处蔚蓝天空下，涌动着金色的稻浪。那里，曾是我堆满回忆的地方。当微风带着收获的味道，吹向我脸庞，想起当年的放牛郎，泪打湿我眼眶。

　　光阴荏苒，当年的放牛郎已长大。回忆时光轴，踽踽走来，漫漫求学路上，痛并快乐着。

　　阳光微漾，洒在布满尘埃的课桌上，当年各种各样的刻痕依旧清晰可见。吹走灰尘，上面歪歪扭扭刻着"加油"二字。我不禁扑哧一笑，时光倒流，回到初入学堂那年。

　　"嘎嘎嘎……"麻鸭晃晃悠悠地奔向田里觅食，激动地嘎嘎直叫。山坡上的山茶树结满了绿中泛红的山茶子，压得茶树枝吱吱作响。溪边的阿妈阿姐们戏着水花，用棒槌捶打着衣服，还不时地谈论各自家中的趣事。"阿宝啊，你去学堂时把牛牵去放了啊，别忘了牵回来！""哦！知道了。"老妈的声音总是极具穿透力，即使隔着十多道田坎，也能钻进你的耳朵。牵着牛，挎着阿妈亲自缝制的青灰色挂包，哼着山歌，向着学堂走去，这是我第一天上学。

　　现在想来，那时的我真是傻得可爱，竟牵着牛直接去村里的学堂。学堂很小，一间教室，一个老师，教一、二年级。村里的人都叫他周先生。先生是个花白头发、满脸胡楂，眼睛总眯着的老头。开学第一天，先生祥和地站在学堂门边，见到每一位学生都微微一笑，笑开满脸褶子。我牵着牛，用方言向先生打招呼。先生眼睛瞬间张大，然后又投射出祥和的目光，略带书生语气地回应:"你是阿宝吧,长这么高了啊!学堂乃读书之地,岂能牵牛胡来。快,你牵去坎上放着,放学后再牵回去。"

我拴好牛绳,坐在学堂,心里着实有些激动。先生开头便用方言版普通话侃侃而谈,大概讲了些读书方面的益处,像什么"书中自有黄金屋……读万卷书,行万里路"之类的。初入学堂的我,听不懂普通话,幸好先生的普通话也并非那么标准。先生谈完后,便开始上课了。每个人都发了两本发黄的旧书,语文和数学。这些书都是以前学生留下来的。即使是旧书,我们也小心翼翼地翻开,认真地听着先生的课。"阿宝,你家的牛吃先生家的菜了。"一个小伙伴指着牛喊道。我扔下课本,踢开凳子,以百米赛跑的速度向牛冲去,一边拉牛,一边骂着这不识好歹的笨牛。重新拴好牛,回到学堂,先生站在门口,双眉紧蹙,一团怒火似要从眼缝中喷出,却又强忍着怒气,一本正经地说道:"顽童,伸出手来。"也许是被先生的气势震住了,我竟不敢伸手。"也罢,你在门外好好站着,放学后把牛给牵回去,明天不许再把牛牵来。"先生无奈地摇了摇头便回到讲台,继续给新生们上课。墙角的狗尾草依旧在微风中摇曳。

回到家中,学堂里的窘事似落叶般落地,消散。小心翼翼地打开泛黄的课本,一页一页地翻阅,虽看不懂里面写的是什么,但看着插图,猜着课文的意思,也别有一番滋味。

第二天,一大清早我便起来了。喝点稀粥,牵着牛在河坝上放着。看着牛吃得差不多了,便把牛拴在柳树上,匆匆地向学堂奔去。来到学堂,先生正在院子里扫地,一边扫一边吟诵着唐诗宋词。我爬上墙,坐在上面,双手撑着下巴,静静地听着这清晨的恬乐。虽听不太懂,但就其韵律却比山歌还美。先生扫到墙边,不经意间抬头,看见我坐在墙上,着实吓了一跳。先生稍有些不快地对我说道:"你爬上墙去干甚,要是摔伤了怎么办?快下来!""唉!"我轻轻一跳,便从墙上下来。"阿宝,你来那么早干吗?"先生在石梯上坐下,我也没大没小地跟着坐下。"来读书啊!"先生捋着胡须笑道:"你可知你为何要读书吗?""我爸说读书可以当官发财,以后就能过上好日子。"先生拍了拍

我的头,说道:"非也,非也!读书,受益终身,岂能只为功名利禄。你好好想想吧!孺子可教。"言罢,先生拿着扫帚回学堂了,我静静地坐着,墙角的狗尾草轻点着头,滴着水珠。

自从那天清晨的谈话,我仿佛被先生的那句话迷住了。虽刚接触文字,但对于学习,也是蛮拼的。无论是放牛割草,抑或是提水浇菜,都忍不住背诵几首唐诗。干活累了,便从挂包中拿出语文课本,细细品味其中的趣味。

渐渐地,语文课本已经被我背得滚瓜烂熟,虽是小学一年级,但我识得的字比二年级学生还多。学习方面的早熟,让我赢得了先生的认可。先生还专门给我开小灶,给我讲解古今中外的优秀作品。那时的我,就像刘姥姥进大观园一样,对外面的世界由衷地神往。先生在我的思想启蒙方面对我有很大的影响。可以说,没有先生的谆谆教诲,我对学习的热爱定无那么深厚。

读完二年级,便要走五六里山路去村里的小学上学了。山路难走,每天一大清早我便从被窝里爬起,拿上畚箕镰刀割好草,喂好牛,匆匆吃完早饭,带上挂包和饭盒,就去上学。虽然路途遥远,但我几乎总是来得最早的学生。久而久之,门卫张伯也认识我了,还经常给我零食。

夏天还好,天气不冷,但一到冬天,天还没亮,便要爬起来,摸着山路赶去学校。条件是艰苦了些,却无形之中磨砺了我的意志,对我以后的求学生涯有着重大的影响。因为生在农村,长在农村,无论是性格方面,还是在写作方面都自然而然地夹杂着深厚的乡土气息。我也始终坚信,一个热爱家乡的人,才能在求学生涯中走得精彩。

我不敢说,我的求学生涯有多么艰辛,我只知道学习是一件了不起的事情。读好书,便可受益终身。若要谈起求学路上令我刻骨铭心的事,我首先想到的便是我与我的启蒙老师之间永恒的师生情。

求学之路不易,且行且努力。

清晨的曙光

李佳媛　三等奖，2015年秋高三（17）班
指导教师：杨彩根

又是一年秋季。

一

不敢看时间，估摸着也有12点了，但是如果不知道具体结果，还可以自欺欺人，换得另一天的心安，断不至于得出那恐怖的睡眠时间。

僵硬地抬头，活动麻木的手腕，听着关节发出不和谐的"啪啪"声，面色漠然。日光灯由墙壁反射在视网膜上，竟有强光穿透冻玉般冰冷的触觉。一个激灵，我已从近乎昏睡中惊醒，四周一片寂然，唯有湿漉漉的月光和刚打捞上来的、数千学子的梦境。

几个小时前，我还躲在教室的角落里，以面壁思过的姿态凝望A4纸底端。我在找我的名字，不出意外地留在最后几行。寥寥几对数字，却足以让人看清现实。苦涩涌上心头的时候，我正想像迎接老友一样地迎接它。一次考试而已，每次都以这种理由安慰自己，还说什么一次而已？我一直坚信自己的生命永远是向上攀爬的姿态，可是原地打转了三年，也不想再多做什么了。每一次重新出发，都会被风浪轻易卷回原点，难道这就是结局？

二

她朝下重重地一蹬，感到自己像风一般自由畅快，虽然身下上了年纪的铁轱辘不自然地"吱吱"作响，她还是从心底感到喜悦。她将这几十公里的路

程看作是一场神秘的探险,坚信路的尽头一定有礼物。呼出的水汽在刚打完霜的空气中迅速凝成小冰珠,倒灌进肺里,她感到冰碴儿在那里翻滚。

单车后座上绑着的木箱子里,预备了七天吃的酸菜炒豆子、大米和洗得发白的旧衣裳。一切都整整齐齐地摆放妥当。她忽然起身,右腿呈90度往后一勾,如马踏飞燕,"噌噌"便着了陆。一张涨红得像个寿桃的脸在厚厚的刘海下若隐若现。

才安置好行李,她便三步并作两步赶去教室,自习课快开始了。黑板上写着作业,可是那些白粉仿佛是融化的蜜糖,黏糊糊的,什么也看不清楚。"近视又深了,这可怎么办?"缩在座位上的她自言自语,"我会不会瞎啊?"可是自己又能做什么呢?家里的情况她不是不知道,怎么能让父母再花钱替自己配眼镜?揉了揉眼睛,她又抬头瞪着那块昏暗的黑板,再揉,老师的板书还是看不清。手背隐隐有些湿润。

她觉得,有些坎,是一辈子也跨不过去了。

三

风声都止住,只留下时光缓缓流过的余音。

我原以为自己的意志坚不可摧,却没想到在如此直白的攻势下,自己的抵抗只是纸的城、沙的墙,在失意面前轰然崩塌。成绩单上的名字真的属于我吗?是的,逃也逃不掉,那就是你。一如我的胆怯已成了所有人的共识,我还能坚持说我只是需要时间冷静思考。我原来是木心先生口中的少年:谈世界、谈人生,其实谈的是自己;本身就贫乏,拿掉一点就没有了。

不知什么时候,她已坐在我面前,双手稳稳地放置在膝上,一言不发。我仓促间抬眼看她,她那眼角的皱纹漾成一朵千瓣雪莲。接着,她开始讲她的故事。我和她都沉浸在旧时光里。蓦然惊觉,原来两代人之间一直由梦想连接:一个想上高中,一个想去远方读大学。于我这个县城女孩,高考、离开的确是最朴实的愿望。而那个她,因为近视与高中失之交臂,悔恨了30年。

没有迈不过的坎，只有不敢迈的人。她替我拭去奔涌而出的泪水，指腹粗糙的皮肤缓缓移过我的面颊。她的眼神让我明白，我们的梦想是相通的。纵然努力不一定会成功，但不试一试就永远是失败者。还没有坚持到最后，谁都不能下定论！17年的奋斗，17年的向往，其间积攒了多少不甘，只有自己能懂。

恍然间，我仿佛听到了远方的呼唤，举目四望，只见那双属于上一代人的眼睛，诉说着和我们这一代一样的故事。

四

我知道夜已深，但脸颊上还存有手指拂过的余温。我明了我只是个为梦想拼搏的学子，而这份孤独与苦难必将成为我人生中刻骨铭心的一部分。不必为未来担忧，也不急着否定自己，那个坎我不一定迈得过，但就算跌再多次也要试试看。不是青春无悔，而是我别无选择。

如果每天早晨都是一个新起点，那么就算昨天输掉了比赛，今天依然可以继续奔跑。这是一场马拉松，我不在乎这一时，我看重这一世。

隐隐约约地，红日从窗帘间隙显现出了轮廓。一只又一只雄鸡抖擞了精神，扯着嗓子叫起来。像一缕暗香，萦绕在已沉寂的灰烬，我被新的希望灌满了心田。我摊开手掌，舒张、紧握，感到心脏正奋力将勇气投入血液。手心的掌纹，像是岁月的写生，一道道刻痕无一不印证了日日夜夜伏于书桌前的我们的青春。这段求学之路临近尾声，我身上的每一个细胞都仿佛在呐喊，心脏疯狂地悸动，血液汩汩奔流。正是，奋力一搏的时候。

而此时，天亮了。

多少烟雨付途中

廖继勋　三等奖，2015年秋高三（8）班
指导教师：滕梅云

有一段记忆，苦涩而甜蜜；有一段时光，微凉不言殇。内心最深处的记忆，某些往事被轻轻拎出，那时，我，在路上……

是在闷热的9月初，读完小学的我离开家的港湾，赶往30多里外的镇上的中学报名。时近中午，我骑着绑有笨重行李的自行车，载着梦想与激情，在马路上飞驰。此时太阳是雪白的，它喷着长长的火舌炙烤着大地与万物。水泥路面的灼人热浪，争先恐后地往我脸上、身上涌来，我犹如置身火炉，迎面扑来的劲风亦舔不干脸上的汗，我浑身早已被浸透。而这些丝毫不影响我内心的兴奋，因为我知道，远方与未知依旧精彩。

骑得耳鸣目眩之际，看到前方一群同学和我一样骑车赶往学校报名，我驶过他们身边时，"哈哈哈"一阵爆笑裹挟着热浪向我砸来，我不免心惊肉跳。"竟然到现在还有人骑'凤凰'牌老人自行车，老土！""是呀是呀！真够笑人的。"在一声高过一声的哂笑中，我低头看了看这辆掉了漆的"凤凰"，"高高在上"的我脖子缩短半截，血液拼命地往脸上涌，我使尽全力如踏着风火轮般飞也似的逃离，直到听不见讪笑，直到筋疲力尽……火热的心被一盆冰水泼得拔凉，浑身仿佛跌入冰窖。

这辆自行车本是爷爷的。还记得爷爷载着我赶集时，我在后座欢快地大呼小叫的情形和爷爷脸上慈爱的笑，温馨场景历历在目。报名前，我见这辆车被弃置不用，便主动向爸爸提出不买新自行车，就骑这辆的要求，一方面本着不浪费的原则，另一方面又觉得有趣，可谁知……冰凉的汗水倏地从眉间滑入

第四篇
刻骨铭心的求学一二事

眼睑，火辣辣地疼，把我从思绪中扯回。用手一抹，却弄得一脸湿漉漉的，分不清是汗是泪。

忧愁，在心里生根发芽；烦躁，于脑中如野草般疯长。

我变得沉默，在学校，便一头扎入学习，自卑如影随形。我与同学们是格格不入的，他们无不盼着周末的到来，而我视那天如世界末日：骑那辆车又该被他人嘲笑了。想到这里我便不寒而栗。如此，在每个周末放假的那天下午，我总是挨到近天黑，估摸着同学们都走光了，才扶上我那辆笨拙的"凤凰"，做贼似的蹑手蹑脚，东张西望，落荒而逃。回家途中我都是飞奔的，一如我欢快的心，我不再管他人眼光，恐他人之讥笑，可谓"放浪形骸"了。走到后来，天近全黑，唯乳白色的马路依稀可辨。这时我便放慢速度，聆听路一旁山中的窸窣虫鸣，感受大地的温情脉搏，享受自然宁静的美，竟生出欣喜之情。有时还可见空中皎月半轮和满天繁星，便想起一首歌，轻哼着"星星点灯，照亮我的前程……"仿佛自己的前程真的被照亮了。有时碰上下雨，我便傻傻地脱下雨衣，层层裹住要带回家的书，绑紧，拍拍老伙伴，便冲入雨帘。行至酣处，便毫无顾忌地大声放歌，大喊着"一蓑烟雨任平生"，感受那种酣畅淋漓的快意，觉得自己也豪迈放旷起来了。回到家，尽管已成落汤鸡，却笑容满面，毫不懊恼。家人不解，面对他们的追问，我笑而不答，个中滋味，他人是难以体味的！

渐渐地，对那些异样的眼神我并不怎么敏感了，我开始骑着"凤凰"，坦然地穿梭于人群，迎着清风，任由心灵徜徉，去邂逅美好。人生在世，有时应适当屏蔽一些无意义的闲言碎语，不使心灵蒙尘，方得洒脱自在。曾经经历的那种刻骨铭心的煎熬和风雨中穿行的快意，痛苦与自由，如今忆起仍倍感怀念。这段回忆终将成为我学途中的宝贵财富，伴我走过各种艰辛，体味幸福。

侯孝贤有言："所有的时光都是被辜负被浪费后，才能从记忆里某一段拎出，拍拍上面的灰尘，感叹它是最好的时光！"而我想说：最好的时光在路上，它不会被辜负被浪费，它让我懂得什么是洒脱和坚韧，它教会我面对，教会我成长。

刻骨求学涯　铭心一二事

刘康　三等奖，2015年秋高三（17）班

指导教师：杨彩根

不知道为什么，念起"刻骨铭心"这四个字时再带上"求学"，便感觉一股欣然与酸意杂糅的难言之情弥漫全身，悄然唤醒了一段段回忆，触及了脑海中的一幕幕过往。或许刻骨铭心的本质就带有这些色彩吧，一种无须言语而永记于心的悲喜色彩。小小一书生，求学十二载，其中太多的喜怒哀乐已埋藏在记忆深处。在记忆的星空，却有那么几件往事越经岁月洗礼而越闪亮。不自觉间我就想起了七年级时那个小小的我。

因为新家在将军公园旁，所以小学毕业后就被分到兴国六中就读，而当时是在实验小学旁住。一条长长的凤凰大道，再经过背街，七拐八弯以后再从城西街爬上平阳街的坡，约莫30分钟才能到六中，其间几公里的距离，凭着一辆自行车硬是骑了两学期。如今再回想当年的我，发现自己竟没有一点抱怨，还为自己拥有一辆新自行车而高兴了好一阵儿。有时老妈提出要载我，我却嫌慢，所以整个初中就没有让她载过，兴许还有一点别的原因。因为离学校远，所以起床早是必需的。每天早上6点准时起床，到客家市场捎上两个包子就匆匆骑车上学。等到了中午，又得骑回家，也是匆匆的，回到家，边吃饭边看会儿电视，等吃完不久就又得骑车上路了。似乎在几个月以后，因为中午回家太麻烦，睡不了午觉，决定办饭卡，求学的旅途之劳终是减少了一点儿。这一路骑来，最让我记忆深刻的是冬天。早上6点起床，客家市场还没有卖早餐的人，四周黑蒙蒙的，还很冷，不能算冷，就是冻，有时冻得握车龙头的手近

第四篇
刻骨铭心的求学一二事

无知觉。那时的早晨如同夜晚,有一天早上骑到兴国宾馆前等红绿灯,风呼呼地一阵一阵吹,四周静得可怕,暗黄的灯下只有我一人,空空的街道上只有我一人,仿佛这暗暗的天空下只剩我一人了,我当时在想,要是现在突然出现一个坏人怎么办?肯定没人救我了。出于本能我不禁往四周望去,突然发现银行旁边有一个人,吓得我差点叫出来,定睛一看,原来是一个流浪汉在睡觉,提到嗓子眼的心这才稍稍安定下来。冬天早上最冷的是风,最可怕的地方是背街,有的店铺哪里没关好便会发出吱呀呀的声音,还有好多巷子,我心里经常打鼓,要是碰到个脸色惨白的女鬼,我小命就得交待了。记得有一天早上天空暗沉,骑进空无一人的背街,总感觉背后有人看着我。就在我拐弯时,视野里出现一个老婆婆,吓得我哭了。老婆婆劝了我两句,我试着答应了,但眼泪还是不停地流。一直到老婆婆走了,我推着单车,边走边抽泣,突然很委屈,凭什么我每次都要起这么早?凭什么我要一个人骑这么远?为什么偏偏是我要走那么远的路!为什么啊?为什么啊……那时一直哭啊哭,直到人多了,不好意思了,就不哭了。但那种委屈的感觉在落笔时却又涌上心头,眼睛不自觉地湿润了。是啊,为什么当时偏偏是我呢?可是,那就是自己呀,那个在逆境中依然努力前行的自己才是我深深佩服的自己。尽管委屈,可还不是一路走过来,骑过来了吗?

七年级有一次全县大幅度降温,下冰雹,学校提前放学。学校外面车辆拥堵,很多家长在校门口等自己的孩子,我一个人推着单车出来,看到这么多家长,心里却感到委屈。"我妈又在上班,肯定不会来接我了。哼,才不要她接。"我披着雨衣,默默地回家。一路上虽然冷,也冷得习惯了,也知道告诉自己坚持一下一回家就暖和了。"屋漏偏逢连夜雨",骑到城西街某处时,车链条断了,那时候本来就委屈,一碰到这事,眼泪不争气了。我强忍住泪水从书包里撕了几张纸包好链条,放进了车篮,刚刚经过了一个修单车的摊,可自己没有钱,出于自尊就没过去修。就这样,从背街到凤凰大道,从三星超市到实小,一直推呀推。当时冰冷到什么程度已经感触不到了,只记得我回到家把

水鞋一脱，衣服裤子也都脱了，躲进被窝温了许久床，渐渐地睡着了。那天我没哭，因为一路上我告诉自己不知道多少遍：男子汉，不能哭。

回忆总是先回忆出心情，回忆出来的景与事，仍是心绪的延伸，遥想当年的我，其中的音容早已模糊，取而代之的情绪与感触便是对当时自我的诠释。那条长长的上学路，承载了我上学的匆匆，承载了回家的喜悦，承载了烦恼，承载了欢欣，承载了一人一包，承载了一个书生求学的一段年华。

而之于高中，将记忆的闸门打开一些，就有太多的记忆涌现，每一段都值得收藏，每一段都藏着太多的经验与教训。但刻骨铭心的，必定是笑中带泪的，一直坚持的，我的诗词写作之路便是这样。

昔日熟吟三百句，今朝试写一二诗。作为一名理科生，却偏偏爱上诗词，这其中的是非祸福，实在是幽微难测。我的求学路也因之多了一些曲折、一段坎坷以及一种特殊的意义。我正式学习诗词时是在那年5月份，一个不尴不尬的时期。我买了一本《诗词格律》，认真地背一些基本格式，从此以后的早读，除非老师说课堂上要听写、默写，否则必读诗。诗读得多了，有感觉了，就开始写诗了。可灵感这东西，想要时得不到，来了却偏不是时候。有一次做物理周练，不知怎么的想到了一句"君辰笑靥水为觞"（那时应该过两三天是朋友生日，打算写一首《江城子》送他），意思是"今天是你的生日我们很开心，我就以水代酒祝你生日快乐吧"。七个字概括了一句话，还正好对得上规定平仄，真是神来之想，我赶忙写下，然后不由自主地开始构思接下来如何写。想着想着，突然发现自己还在做周练，而时间已经过了将近20分钟，欲哭无泪，已经落下别人十几道选择题的时间了。像这样的情况发生过很多次，有时候自扇了几个耳光，骂自己不务正业，可那写诗的欲望苦苦哀求着理性，只为得一小片心灵的自由净地。很多次我告诉自己别写了，高考之后有很多机会写，可真要这样放弃吗？心中苦苦挣扎，最后对自己约法三章，除了课外和体育课，其他时间一定不写。也告诉自己决定写就要写好，郑重对待。写诗填词有时是痛苦的，有时联想到一个好词却派不上用场，有时差一个词想不到把头抓了再抓也"抓"不住它，有时还因为想到一句更好的话却和前面搭不上，还得痛心地划掉。但完成了一首诗一定是激动、喜不自禁的，不管好不好总要自个儿先念上几遍，不想让别人知道又想让别人知道，要是别人赞叹一句，也会得意非常，仿佛这天下的快乐莫过于此了。因为自己的"不务正业"，月考成绩出来后，不由得让我苦笑了，心中的悲酸实不能"一言以蔽之"。平川图书馆是学校和校友对我们这些后辈的馈赠，尤其于我而言，很多有关诗词的书都是从图书馆借来，让我不至于"无米"，让我在诗海中畅快地遨游。平平仄仄扣动了我的心弦，让我有幸半只脚进了诗歌的大门。对于学诗，我不是李白，"梦笔生花"终究是梦，向左思学习，"洛阳纸贵"必不是一挥而就。诗词路，长而漫漫，会因高考而暂时放下，但赋诗一首，以明余志：

一入诗邦魂犹瘦，片言千绪费思量。

风骚乐府春秋卷，山水殊同翰墨塘。

学步殷寻千古意，吟安窃得自慰章。

诚知漫道勤为径，笔阵书山日方长。

许多人抱怨求学的道路是艰难、辛酸的，倘若没有这些，又怎能体现生活的美好呢？正所谓"未知生，焉知死"，生命中的各种滋味与我们同生同死，并且因为苦，我们识别出了甜，因为极悲，我们体会到了极乐，因为刻骨铭心的往事，我们才感受到了一些人生的意义。那些刻骨铭心的事，那个记忆中的小小少年，那些或不惊艳却足以悦己的诗句，构成了现在的我，也提醒着我曾经所拥有的坚持、所坚守的原则，从而更加勇敢地面对未来。

求学路上的那些事儿

刘芳　三等奖，2015年秋高一（27）班

指导教师：钟恩桦

阳光说：风信子已经睡了。我说：窗子已经开了。当初沉默、迷茫的少年此刻在蓝天下，浴着阳光饮着花香静静执笔。

四年前，那时候的我还背着书包念着小学的课本。

"你来当班长吧，我相信……"好听的声音从她口中传出。我的脸涨得通红，心也像快要跳出胸膛似的。"我……"我直直地站起来，却半天没说出一句话来。我不明白，我一向是最普通的学生，而这一次，是我不曾得到过的受宠若惊。

她戴着一副黑框眼镜，眼角下是一颗泪痣，有着好看的眉眼。她就在阡陌泛青，花色未浓的季节里，踏着春风，成为我六年级的班主任。年轻的她在如花的年纪里，带着春水般好听的声音来到那时迷茫的我的身边。

在她还未曾到来的五年里，我还是被老师同学忽略如尘埃一般渺小的存在，只因我的沉默，不爱笑。那时的我似乎已被遗忘在某个角落，最后一排只属于差生，对吗？直到她来的那一年，开学的第一天，她做过极简短的自我介绍后，接下来是再熟悉不过的套路——选班干部。但她的方式却是我们完全陌生的。她的手上多了一根桃花枝，上面的桃花已笑得粲然，该是刚折下的早桃。她让我们闭上眼，说她将会把桃花枝放在她选的班长面前。我闭上眼，一会儿便闻到空气中飘过来的香味，脑海里浮现出她好看的眉眼。"好了，睁开眼睛吧！"然后是一大片的唏嘘声，是的，我没看错，那枝桃花此刻正静静躺

第四篇
刻骨铭心的求学一二事

在我的桌子上。

她的笑靥粲然一如开着的早桃上嫣然的颜色，她说："你来当班长吧，我相信你会做得很好。"她的口气温润而柔软。而我的心在胸膛剧烈地跳动，我直直地站起来，却半天说不出一句话来。

那天放学后，她让我在教学楼后面等她。那儿，有清澈的溪流，发出好听的声音；有一片青草，草尖有一点一点的亮光；有一朵一朵的小花，小小的花瓣上是轻浅的颜色。我不明白，这些被遗忘的种子为什么要在这里发芽。她好听的声音在耳边响起："你看这些小花小草，就是被忘记了，但它们同样努力地去获取阳光，汲取营养，它们的世界很安静，也可以很美好，对吗？"后来我真的当了班长，成绩也渐渐有了起色，她也从不吝啬她的表扬，用她好听的声音。

温软的花香里已听不见动听的声音，我自信地大步向前，扑面而来的夏天，无形中，仿佛酝酿着一场压抑。

热浪翻滚的夏天，升入了初二的我有些骄傲甚至嚣张。那时候空气中也似乎弥散着一场化学式的发疯，温度让树上的蝉也受不了。初二分班后的第一次考试在这样的高温下结束，考完后我有些得意，记得那时候我后面坐的是个戴着一副有着厚厚镜片眼镜的女生，看起来特别土，我的自信心膨胀，对她几番冷嘲热讽。但成绩出来后，我便笑不出来了，令所有人大跌眼镜的是：土包子考了第一名，而我……那次是我很久以来都没有遭受的失败，我的名字出现在纸页尾梢。

或许是以前的一切过于顺利，那一次，是我第一次因为成绩而掉眼泪。那天下午，我回了老家，格外沮丧的心情伴着躁动的温度久久不能平复。门前大片紫红色药草丛中看得见有瘦长的人影穿梭其间，不出所料，爷爷正给它们浇水，记得小时候，也是这样一大片紫红色和空气中浮动着的苦涩。爷爷听我讲完后，历经沧桑的眼里依然是和煦的光泽。爷爷给我讲了他年轻时行医治病的故事，讲到了生与死，爷爷说，他年轻时也曾遭遇一次失败，给了年轻气

盛的他一个下马威。自此，他小心行医，无论大小病痛都尽心尽责，他说一次失误，便是一名医者一生的失败。爷爷说：人哪，不该只看到失败的阴暗面，而应该在心上另开一扇窗。那时，我在爷爷深陷的眼底，看见了一片清明。我的心忽地亮了：是啊，在遇到更大的挑战和危险之前，我们不该在失败的伤心中沉沦，而更应换个角度，在失败中成长！

当心口的窗刚刚打开，一切都还没来得及开始，一场浓重的夜，所有的窗，闭上了。

落叶深埋枯骨残，谁给了我一场浓伤。爷爷的突然病逝，让我的天空一下子都失去了色彩。初三下学期，都说是拼搏的最后时刻，可我的成绩却毫无预兆地落了下来。我不能看见，下午放学桌上已热好的饭菜，熨烫我疲惫的心。晚上回家，没有人把客厅的灯开得明晃晃，照亮那一段孤单……匆匆从外地赶回来的父母留下来了，对于我一次次不理想的成绩，他们总免不了一场斥责，而我，也渐渐习惯与他们的争吵，那时的我，陷入哀伤与茫然的巨大旋涡，所有想进来的光与亮都被无情绞碎。直到那一天，母亲一巴掌把我打醒，脸上火辣辣地疼，这心，也疼……再到后来，我和母亲相偎桌前，母亲常常伴我至深夜，为了补上落下的功课，每晚都把星星熬得焦黑，把夜的光都熬干，油墨的清香也渐渐变苦。当初中的最后一场考试落下帷幕，考完的那天晚上，母亲睡得很熟，我却醒着，看着满天闪烁的星辰，我的眼底有潮红泛起……

如今，求学的路上，每当我路过春天，风中有动听的声音，无论我被放在哪个位置，都应默默积蓄蜕变成想要的样子；每当我走过夏天，我的眼里映着另一双眼，无论遇到怎样的失败，没有失落只有更火热的追寻；每当我撞见秋天，我的左脸上浮起忽明忽暗的温度，无论现实给我多少的苦涩，都不该放弃……

生命与文艺的碰撞

钟雨晴　三等奖，2015年秋高二（10）班
指导教师：曾丽萍

"今天，你们用纸和画笔描绘出你们所看见的景象。用你们的内心去感受，去触碰大自然的深处。开始吧。"老师的眼里充满着笑意，摆摆手让我们去寻找各自的眼前景象。

绘画，多么文艺的字眼，该有多么幸运才能够接触并热爱它。所有热爱的事物，都在笔尖下流淌，是从心里感受到的世界。它的形体、结构、特征、节奏、韵味，都是用眼睛去观察，用心在描摹。像诗，它可以将我的心情、领悟都表达出来，可明显，可含蓄，可愉悦，可悲伤。每一次接近它，我都有回归本真的感觉，找到真实的自己，并无理由地无比热爱。

朋友们叽叽喳喳讨论着哪棵大树、哪幢房屋、哪片阴凉、哪簇鲜花。我默默看着远处的山，当他们结伴出去，带走了欢笑。我抱起画板，走向那片草地，面对那座山。

虽然草被镀上了金黄，风中还是有露水的凉意。远方的山顶有雾，苍翠的山色若隐若现。我找到一片阴凉处，架好画板，放下凳子。起风了，从投在草面上斑驳的树影舞动可以感受到那份欢愉。我拿起画笔，照着光影的模样，慢慢地勾勒轮廓，慢慢地，从浅到深，由明至暗，层次分明的山展现在我眼前。手越来越酸，笔越来越快，心在随着时间的流逝而渐渐浮躁，把大致黑白反映出来以后，细节上我也无心再处理。天空、草地，我只是粗略地画上几笔，内心只是追切地想完成这幅作品，扎进朋友的欢笑声中。

  我把画笔一扔,坐在一旁欣赏画作。

  "画完了?"老师走近说,我自信地点点头,等待他对我作品的评价。他示意我起来,他坐在凳子上,拿起笔,看看远方的山,再看看画,开始添上细节。他一点点地补充,一点点地擦去。远处传来朋友们的嬉戏声,我的心又浮躁起来,希望他能快点,再快一点。但他一点也不慌张,也不和我交谈,只是沉默地画着,仿佛外界的一切都与他无关,眼里只有远方,笔尖窸窸窣窣划过纸面。我的心渐渐沉静下来,嬉闹声淡出了,只有内心与笔尖的共鸣。我站在他身旁,任由风吹过,定定地看着他的每一个动作,画、擦、涂、抹,都是慢慢的,踏实的,已经不在意时间的流逝了。他就这样一点点地补充修改,就像把一个粗制滥造的产品进行加工再加工,润色到几近完美。没有焦躁,没有不安,走向艺术深处,或许这才是绘画的意义。

  他放下笔,看着远处的山,再看看画,嘴角上扬:"绘画,戒骄戒躁。为什么那么多人无法完成一幅精致的画?他们根本无法理解为什么一幅画需要花费一个人一天、一个月甚至一年的时间,根本无法体会到艺术带来的精神上的富足。作画,需要恒心,需要毅力,需要从容,需要淡定,需要善于观察、善于发现的眼睛,需要有远离尘世的安静的心。慢工出细活,听过'磨洋工'吗?精雕细琢才能创造出世界堪称完美的作品。每一幅画都要全身心地投入,每一处细节,都要认真对待。你太过浮躁了,画了几小时你就坐不住,线条越来越随意,有些地方连线条的样子都没有,甚至凭空生造出一些并不存在的线条。耐不住寂寞,画不成素描。"他又一次让我坐下,我仔细地看着画,很多细节都在主动与被动的周围环境中表现出来。明暗对比,深浅对比,一切都灵动起来。起风了,地上已没有树影舞动的模样,草也换上了青纱,我也走了。

  一样好的阳光,拉开窗帘,让它透进方桌,洒上画架。抿一口茶,准备描绘远方的山村。刚拿起笔,风吹过,带来断断续续的琴声,小提琴吧,我想。黑色的琴箱放在地上,尘粒在光线下飞扬。我打开琴箱,拿出弓,拿起小提琴,架在肩上。当弓滑过琴弦留下了第一个悠扬的音符,那一幕便猛然浮现在眼前，不自觉完整地从记忆里蹦出来。

我一直以为我是个聪明人，聪明到以为不用太多的练习，也能够把小提琴学好。所以一直抱着不严谨的态度去听老师的课，回到家便几乎把它闲置着。身边不乏学习小提琴的朋友，她们比我起步早，但我仍相信，我赶得上，不用付出太大的努力。

又一次随便地拿起琴，慢慢自在地走到老师家。老师笑着让我进去。我熟练地拉开琴箱，取出弓，拿出小提琴，放在肩上。看看眼前的乐谱，我竟有些茫然，显然上个星期的记忆印证了艾宾浩斯遗忘曲线的正确性。我笨拙地拉动弓，大脑不断转动，想把纸上豆大的音符转化为自己的语言。我努力搜索记忆库，企图得到我想要的答案，但没有反复练习，这都只是徒劳。当最后一个生涩的音符挤出来后，我放下琴，不敢正视老师的眼睛。

"在家有没有练琴？"从老师的声音里可以感受到老师的严肃，一份强烈的压迫感让我喘不过气，我心虚地摇了摇头。"我知道你很聪明，但不练习，光是老师对你短时间的辅导，是远远不够的。你永远都不能做到百分百完美，你要经过一次次反反复复的练习，才能接近那个标准。可能你觉得太过简单，不愿去反复练习长弓、长短弓、短弓。你不屑于一个个简单的音符拼接，你不喜欢演奏你不感兴趣的乐曲，所以你迫切地想跳过这个步骤。你想像那些小提琴家一样，拉出自己热爱的富有生命的曲子。你或许以为那样很简单，帕格尼尼曾每天用大约12个小时练习自己的作品，他付出的汗水你愿意去付出吗？就是一个个简单的音符造就出动人的曲子，基本功不扎实，谈何技法？"老师语重心长地说。

课堂结束，我拿着琴回到家。戴上耳机，听《卡农》。靠手，拉动弓，滑过琴弦，手指灵活地在指板上移动，在耳畔留下动人的旋律。它的声音飘上天空，经过每一寸充满音乐气息的土地，看不见它的踪迹，但它确确实实钻进了人的心里。它属于西方文艺之都，是演奏厅的小提琴手，是流浪街头的自由艺人，是文艺的每一丝空气。弦音，扣人心弦，在精致的外表下，更是从音孔里

传出天籁。不自主地想到塞纳河畔,埃菲尔铁塔下,歌剧院里,少不了它不一般的存在。它更让我想起了漫山遍野的紫色薰衣草,那片暖阳,阳光下活泼文艺的人们。

琴声在我心灵上留下的震撼,更坚定了我努力的信念。精神上的满足,是别人夺不走的。

我把琴放回琴箱,起身看出窗外,漫天云卷云舒。绘画教会我的稳重耐心,小提琴授予我的谦虚努力,是伴随着我的智慧,对着窗外,我开心地笑了,多么幸运,生命与文艺发生碰撞擦出火花,让我的生命和别人不一样。

起风了,茶叶沉在杯底,茶也失去了温热,空气中夹杂着铅笔和文艺的味道,那些刻骨铭心的记忆,就像茶叶沉在杯底,留在了心里。

掌上开花

刘薇　三等奖，2015年秋高二（23）班

指导教师：沈训文

"长本事了你，考了试也不吱一声，要不是人家阿聪，你还准备瞒几天？"

"阿聪阿聪，整天张口闭口叫这么亲热，有本事，你让他当你儿子去！"

"你说什么，你给我再说一遍，臭小子不打你就记不住教训。还跑，给我站住。"

"你以为我笨啊，站着给你打？做梦！"

"你……臭小子。"

一大清早就不安宁。我倚着窗，饶有兴趣地看着隔壁院子里"追逐打闹"的两人。站在一旁的老爸啧啧感叹着："当年的你，可比他欠揍。"我轻勾嘴角，自顾自地张开手掌，颇为怀念地应道："是啊是啊，你打得可比张叔叔重了不少……"

那年的冬天来得很早。飘飞的雪花，呼啸的寒风，让人只想一辈子窝在被窝里不出来。但我却兴奋非常，很简单，我正在逃课。

领头的正是班里长得最威猛、最让老师不喜的阿勤。虽名字带勤，却懒得很，几乎没几节课不是睡过来的，所以见到带头人是他我是非常好奇的。同时，作为队伍里唯一的女同学，大家对我也十分好奇，不顾他们的目光，我举着竿子颇为悠闲地走在前头，直到到达目的地。

那是条冻结的水沟，里面沉睡着好几条拇指粗的"小白蛇"。最大胆的数我了，一竿子下去只听冰裂开的声音，他们吓得直往后躲，似乎生怕这些"猛

兽"苏醒一般。"好玩吗?"一声疑问轻飘飘传来,我颇为得意地应道:"当然!"话刚出口,我突然觉得不对劲,这声音怎么这么耳熟。转过身,却见老爸不知是青是紫的面容竟挂着惊悚的微笑,我犹如雷劈,再往后一望,哪儿还有伙伴的影子?"这群胆小鬼,没义气的……"我小声嘀咕着,瞄着有没有机会逃跑,却见一只大手直往头上伸来。我惊恐地退了一步,却忘了自己就站在水沟旁,然后……

院子里,我在寒风中瑟瑟发抖,只觉得全身冰凉,命不久矣。屋内传来老爸的怒骂,还有老妈小声的劝说。"混账东西,平常捣蛋就算了,居然还给我逃课,气死我了。""孩子知错了就行了,外面那么冷,她身上还湿着,你就不能……""你别说了,冻死活该,不教训她长得了记性。""可是……"或许冻得太久,渐渐地竟听不到他们的争吵声,在我快支持不住时,又是一阵"惊天"的敲门声,那人竟不管不顾地推开门,一脸笑盈盈地走来。

我迷糊地抬头一望,见其面容后惊得清醒了几分,怎么又是她!果然,老爸老妈见到来人脸色一变,扯出个僵硬的笑容。"哎呀呀,都在呢,正好我无事来聊聊天,哎呀,这孩子怎么跪在外头,瞧瞧这模样,该不会我家志聪讲的逃课的那……额,你看我这张嘴,我家志聪说那些人都是不读书的小混混,可让老师讨厌了,这孩子虽然平常捣蛋了些,脑子转不过弯来些,比我家志聪差了那么些……"她倒是自顾自讲得开心,我却是倒霉了,瞧瞧老爸老妈越来越黑的脸,觉得自己前途一片黑暗。

可是我却料错了,老爸居然没再罚我,只是冷着脸进了屋。我有种不好的预感。果然,自那天起,他再也没有同我讲一句话,见了面也扭头装作看不见,仿佛没有我这个女儿一般,我突然感觉心里很空,很苦……

冷战持续了很久,久得我快被那种苦涩感窒息。直到那一天,我路过班主任的办公室,看见了平常不可一世的他低下了头颅,在老师面前畏畏缩缩,为我的"恶行"赔礼道歉。我突然感受到一股从未有过的怒火,冲过去怒吼:"有事冲我来。"老师先是一惊,然后便是满眼的鄙视:"道德败坏,目无尊长,我可没本事教她！"我本想再上前理论却突然被人一拉，接着便是手上传来的钻心的疼，我惊愕地望着眼前满腔怒火，用竹鞭抽打着我的手心的他，接着不争气地掉眼泪了，不知道是因为疼，还是委屈……

从那以后，我仿佛变了个人般，早上最早到学校读书的是我，下午最后走的人也是我。不再调皮捣蛋，不再顶撞捉弄老师，就像是被斩断了所有的劣性根，戴上好学生的光环。老师从最初的惊讶，到赞赏，再到满意和信任。那女人也再没有来过我家，因为她的好儿子已被我远远甩在后头。只是有时候一个人独处时，我会把手伸出来，默默地看着上面的绷带……

那天老爸真是下了狠手，我只觉得这手怕是要废了吧，拼了命跑到屋里把门一关，放声大哭，似乎要将所有的委屈都发泄出来。可能哭得久了，迷迷糊糊地，似睡非睡，只见到他熟悉的身影在眼前晃荡着，手上传来凉凉的感觉，一股药香弥漫。"你怎么这么不争气呢……"他竟然哭了，那滚烫的泪滴在手上，似乎将这灼热的温度传到心口……

"还记得吗？"我倚着窗，将手放在老爸眼前晃了晃，"你干的，差点给废了啊，下手这么狠，哪里像是对待亲女儿？"老爸眯着眼，淡淡一笑："亲的才下得狠手，怎么，还疼？"这模样着实是欠揍，我咬牙切齿地应着："可不是，那叫一个'刻骨铭心'！"

"掌上开花"，老爸，你可谓是在我漫长的求学生涯里留下了浓重的一笔啊……

天涯未远　江湖再见

刘燕　优秀奖，2015年秋高三（30）班

指导教师：钟传松

岁月是久远地去了，往事如河流上顺水而下的空荡荡的船只。而少时的一些事，则好像船头上突兀站立的找不到主人的鹰，我忍不住想把手伸进记忆的时空中去摸它，安抚它，却只惊溅起白凉的水花。

我最早的记忆停留在7岁，此前的时光已完全寻不见踪影了。我记得山脚下的土房子，房子外面是绿的山，绿的水，绿的树木，绿的菜畦，连偶尔吹来的风也是青翠欲滴的。在那里有我的奶奶，还有一个叫戴丽的女孩。奶奶每天在屋里喊我吃饭，女孩每天在屋外叫我去玩。就这样，时光美好得像顾城的诗——草在结它的籽，风在摇它的叶。

过了一个夏天，我和戴丽开始上学了。早上等奶奶把装好饭菜的长方形铝盒放进书包，我便去邀她一起上路。我们那组离村小很远，要走一个多小时山路才能到，因而有一个伙伴是多么重要。我们却是从来不走大路的，拣小路走，因为小路比大路近一些。对于孩子来说，走山路是不让人开心的，但零食对人的诱惑往往更大。我和戴丽两个人每天都能从各自的奶奶那里拿到五角钱，在学校的小卖部可以买10个牛皮糖，那是最满足的事情。那时候的我们都是小心翼翼地一小口一小口地舔着吃，含在嘴里太快融化，之后嘴巴就很无聊了，以至于有的人中午还没到饭盒就空了。

上完四节课，就是吃午饭的时间，不管是其他同学，还是我和戴丽，最多的对话无非就是：

"你带的什么菜？"

"菜干和豆腐。"

"我不喜欢菜干。"

"哦，你带了什么吃？"

"萝卜和豆角。"

"我夹点豆角吃吧！"

"那我吃你的豆腐吧！"

……

在筷子与饭盒的一片碰撞声中，我们扒拉走一片片的清贫时光。

如果上天给我一个穿越时空的机会，我想回到10年前那个仲春的早晨。我记得那日天蓝得像一汪水，风不大，柔软中透着清凉。不同于往日，到了上学的时间，我却没有去邀戴丽。奶奶告诉我她家的牛踩了我家的菜园子，幼小狭隘的我却迁罪于戴丽的头上，而这也造成了我一生的遗憾。

我急急地往学校走，戴丽在后面呼哧呼哧地追我。好一会儿才赶上，她问我说："你怎么不等我啊？"我没头没脑地回了一句："你就跟你家的牛一样傻。"她眨眨眼，抿着嘴巴停留了一下，不再说话，只是默默地跟在我身后，我心里得意了半天。这样持续了三天，我想明天就等戴丽一起走了。可是第四天，我只听见了自己的脚步声。下午放学回到家，奶奶在灶前烧火，柴火被烧得不时发出"噼啪"的呻吟。

"圆圆啊，戴丽以后不去上学了。"

"为什么？我明天会等她一起走的。"

"昨晚半夜里她奶奶升天了，她被人接走了。"

"去哪儿？"

"外地，我也不晓得。"

我以为戴丽还会回来，我还欠着她3颗牛皮糖。可是直到我离开村小到乡里读书，她再没回来过一次，只留了一段寂寞的山路给我。

不知道是不是没有戴丽的陪伴，我变得越来越不情愿上学。一年级升二年级时我被老师留了级，其实我才是那个傻子……上课的时候我总是走神，一次一个男老师提我起来去黑板上算数学题，我茫然不知。同学们在台下哄笑，男老师一脸嫌弃地对我说："注定是在家种田的，留级也没用啊！"泪水湿了眼眶却没哭，回家后我问奶奶："戴丽还会回来吗？"奶奶摇了摇头，我不想哭，就是两只眼睛不守纪律，情感上还没酝酿，它就潸然泪下，搞得我两手无措，捂都捂不住，指缝里尽是河流。

我开始认真听讲，我不能在家种田，我想去那个有戴丽的外地找她。至今十余载，我从小学到初中，再从初中到了高中，马上就要上大学了。我想，戴丽不留级的话，已经上大学了，只是在哪儿呢？还能否再相逢？相逢后能再相认吗？多年无解的遗憾从时光的缝隙里钻出来，像一条巨蟒勒住了我。不得不承认，对她的悔意是我这十几个春秋艰苦求学生涯中支撑我的一股力量。

其实在戴丽走后两年，我也搬离了那个村子。去年过年的时候回了一趟老家，站在山坡上看着那个我和她生活过的地方，菜园已是蓬蒿遍地，灰蒙蒙的了无生机，土黄色的房子还在，再下一段坡走到大坪上，才看到半边塌了的墙。旁边的梨树和李子树像两个相对无言的老人，黑瘦的树干上还留着几个空巢。这是我生命伊始之地，求学伊始之地，然，时光的河流里，有什么是被允许刻舟求剑的呢？那条山路怕是还寂寞着……

那个陪我踏上求学之路第一个脚印的女孩，那个我连一句"再见"都欠奉的女孩，终是我这一生中得不到安放的遗憾。现在我只能将她化成字，一个一个写进句子。只是那些退不去的悲喜，不知何时才能拼凑起一个完整的故事。

那个地方，那段时光，那个人。

成长的蓝色水珠

廖景曦　优秀奖，2015年秋高三（17）班
指导教师：杨彩根

从小到大，我都没有体会过同学情的珍贵。小学贪玩，初中叛逆。我一直想：路，还是自己走吧。

去年，当我第一次踏进高二（17）班——这个由两个兴国班生硬拼在一起的班级时，这里的一切都是惨不忍睹的。上课时，老师提问，下面没有一个人回应，更从来没有一个人举手，所有人都保持沉默，默默地记着笔记，看着老师讲解、演算，直到老师无可奈何地点名提问时，点到的人才极不情愿地站起。班会课投票，全班54人，10票赞成，8票反对，剩下的人忙于做作业，直接弃权。

我的抵触渐渐变成了接纳，这是全年级，也是全县最好的班级，有的人比我更优秀，我为什么要抵触呢？于是我成为沉默的"大多数"之一，我甚至做了我以前想都不敢想的事，像很多人一样，当课程简单的时候，埋头自学。我想：我来到这个班是我的悲剧，我以后也就一个人努力，其他什么都不管了。但暗暗地，我还是对每一位来本班上课如唱独角戏一般煎熬的老师，以及无数次劝说我们却无数次失望的班主任有着一丝愧疚感。

高二（17）班竞争压力很大，一日如一日的生活毫无精彩，我只有在闲暇时间抱起我的最爱——篮球，才能寻得一点乐趣。不久我发现，这个班打球还不错。

我们试着与其他两个兴国班打了友谊赛，竟然都以30分的优势获胜，班上紧张生硬的气氛似有一点缓和，有人开始对即将来临的篮球联赛抱有一丝期望。

然而,篮球联赛来临的那天,当我们分别穿上蓝色的班服与队服,看着对方高大的身躯时,我们还是很胆怯。"我们是兴国班,我们是身体差的书呆子,我们不可能赢球。"开局,我们打得毫无章法,动作都因紧张而变形。很快,我们落后了,我的心如死水般绝望。

绝望之中,我们的班主任叫了个暂停。平日,我只见到他严厉的指责和要求,可那一天,他暖心地拍拍我们,说:"不要急,你们的配合比他们好!多传球,稳扎稳打,你们能赢!"

而当我回到球场,我听到了本班所有同学扯破嗓子的呐喊。这些平日的"书呆子",这些冷眼旁观一切的同学,在那一天喊出了纵穿整个体育场的助威声,我才知道,高二(17)班能够在学习之外的某件事中投入自己的所有活力,发出众志成城的呐喊!

我运着球过半场,在同学们团结一心的鼓舞下,我的血液沸腾了。场上的4名队友望着我,眼神是和我一样的坚定——我们要赢!我们要合作!

似乎不用教,不用准备,我们好像都知道了怎么配合,我们运转球,跑快攻,不要命地防下每一球。落后触发了(17)班的斗志,触动了(17)班每一位本就从不服输的人,我们竟然赢了,12∶6,分数少得可怜,但,我们赢了!

团队精神从那场比赛开始降临到(17)班,并越加强大。我们个人能力虽然不如某些班级的超级得分手,但我们每个人都有长处,都将长处发挥到极致,我们无私地运转球,换来一次次的得分,也换来了一场场胜利。30∶14,31∶21,15∶14,20∶10,我们全胜,球员之间越来越默契,每进一球,我们都相互击掌,我们班同学的鼓舞声和欢呼声,也一场比一场响亮。每一天,我们班的蓝色班服和队服都在人群中越加闪耀。

我们是兴国班,夺冠自然得罪了很多人,很多人质疑我们,也有人编造流言来攻击我们。而我们决定不予理睬,在我们心中,冠军的名号已不重要,因为从那天起,(17)班已经变了。

沉默被笑声取代,班会课由一个人讲,其他人做作业变成了所有人思想的交流,更是感动的交织,同学彼此亲近、理解,老师上课也不再是一个人的演出。

　　从那天起，我开始在（17）班感受到温暖，我才明白，这些同学都是我前行的伙伴。（17）班的每个同学在比赛中的呐喊，以及之后的班会课说出对（17）班的美好印象，对同学的真诚鼓励和祝福，以及期望艰难却又美好的未来时，眼泪已在眼眶中打转时表露出的都是真正的同学情，这真切的情感，我正是从篮球比赛那天开始体会，而后，当我们一起分享喜悦、迎接挑战时，这情感变得更加深厚。我学会了依靠同学，在共同拼搏中感受温暖。高二（17）班，已经成了我的另一个家。纵使我遭遇挫折，或身处外界的风吹雨打、冰天雪地，踏入（17）班，就会被身边每一个人灿烂的笑脸包围，温暖得无与伦比。

　　现在，我高三了，曾经无比令人感动的高二（17）班也变成了成熟的高三（17）班。作业每天都要铺满黑板，做到手软的综合试卷越积越厚，触目的成绩单更新的频率越来越快，我们又沉默下来了，只不过，我们是默契地、不约而同地沉默下来，为共同的目标奋斗着。（17）班，早已成为一个有形的象征，在每一个人的意识里，她象征温暖、默契、斗志、信念。在这里，我们的一举一动如约定好了似的，一个眼神就能交流信息；在这里，一切都是满满的正能量；在这里，我们一心一意地向梦想迈步。

　　或许就是那一次，我懂得了同学情的珍贵。

　　或许就是那一次，我领悟到，一个优秀的集体，若朝一个方向前行，可以蕴含如此强大的凝聚力。

　　那一次足够刻骨铭心。

　　那一次，我开始明白，穿着蓝色班服的（17）班同学，就像一粒粒晶莹的蓝色水珠。

　　水珠从不同的地方，以不同的姿态，不同的光彩汇集到这里，在那一次，那个希望的清晨，水珠开始融合，成为一条清澈的蓝色细流。当梦想、感动汇集起来，细流变成强大的水流，阳光降临之时，它们将以崭新的姿态升上天空，到达各自心中的天空之城。

当说到刻骨铭心时我想到的

郭炜 优秀奖，2015年秋高三（15）班

指导教师：滕梅云

笔端与桌面敲击着，发出古怪又短促的吧嗒声，木质的桌面震动着，蝉鸣声渐强，穿过窗透进我的鼓膜，"吱——吱——"的声音侵占了我的思维，所有的事物都在放大……

"先走了哦。"丽拍拍我的肩膀。我深呼一口气，从闷热聒噪的世界中醒来。"嗯。"我盯着桌上不断弹起又落下的橡皮屑，门外，丽背起已经卸好的画，骑上单车，迎着风蹬了出去，像一只勇敢的小鹰，不过炙热的阳光却把她的背景拉得扭曲变形。

又热了，日光变得异样，蝉鸣此起彼伏。思维随着水汽一起升华，变得难以凝聚。老钟拿着一把画笔从楼上走了下来，拧开水龙头冲洗着。"没画完吗？"老钟的声音透过水声传来，我望了一眼画板，撇撇嘴道："画不了了。""画不了了？"老钟边擦着手边走来，"来，我帮你看看。"我叹了口气，不情愿地转向画板。老钟握着笔，指着一处空白说："这里打算画什么？""战役胜利时投降的敌军军官，"我顿了顿，继续说道，"我已经起稿三遍了，不管是哪一个都与整幅画格格不入。"老钟点了点头，说："你看哈，他是不是有一种'烽火照西京，心中自不平'的感悟？""老师，他是俘虏……"老钟一拍大腿，又说："那就'生当作人杰，死亦为鬼雄'！""老师，我赞扬的是红军，您别开玩笑了好吗？"我沮丧着，看着纸上一个个姿态各异的军官，我似乎感觉我才是被俘虏的那个人，他们围绕在我身边，和窗外的蝉鸣一起，嘲笑不断……"算了,老师,"我低下头,"要不我放弃吧,红色苏区的比赛我不去了。""哎——革命尚未成功,何来放弃之说?"老钟注视着画,沉思着,"这样吧,你晚课再来。"我点了点头,向老师道别后离开了教室。

转眼间天色就已经暗了,蝉鸣声渐渐消退,灰黑的天空一颗星星也没有,破败又凄凉,我推开教室的门,老钟背对着我不知道在翻着什么,我打过招呼后径直走到画板前,看着未完成的画就不由得心烦。"郭炜!"老钟突然喊道,我转了过去,一件老旧的墨绿色外套套在老钟身上,老师想做什么?我心里想着,这时,老钟推了推老花镜,狡诈一笑,说:"看我像不像个俘虏?""我的天,"我心中一惊,"老师,你不会是让我画你吧。""嘿嘿,不行吗?"说着,老钟举起双手,弓着腰,脸上做出甘愿投降的表情,我有点呆了,画老师?手中的铅笔怎么也不能绘下线条,老钟瞄我一眼,"怎么,老师的演技不到位?""不不不。"我连忙摇头。"那就动手!"

我拿着画笔,昏暗的橙色灯光打在老师脸上,我定位,构图,灯光下,老师的身影微微晃动着,老师?那是我的老师?还是那个投降的军官?视线有些模糊,眼前人头上的些许白发在光照下有些刺眼,他心中应该是后悔的,后悔参加了战役,也后悔离开了家乡和亲人,渐变的光线描绘着这一切,人物逐渐丰满,与整幅画融合在一起……

"可以了,老师。"我处理着最后的光线,不过二十几分钟,老钟的面容疲惫了不少,他捶了捶腰,转身泡了一壶热茶,坐在我身边,杯盖与杯口厮磨着,水雾缓缓升起。"素描讲究的是什么?""写实。"我答道。"是的,对素材的描绘,对光线和物体的把握,用眼睛去看,将所观察到的东西具体而微地表现出来,是在'存在'和'绘画'之间做出的一切努力。你没有构造出人物,老师不责怪你,因为,'实'才是最生根的……"老师的声音透过光和雾,从遥远的地方飘来,缓慢而清晰,朦胧中,老师的嘴唇张合着,"画如其人,作画者,要踏实,持之以恒,学会静心……"老师的脸又远又近,"哎,这茶真不错,我去发个朋友圈。"老师从我身边走过,而我的思绪却越飘越远……

我带着卸好的画走在夜空下,艳丽的霓虹灯已经灭了不少,天空中已星光一片。教我多年的老师,更像是我的亲人,用最温和的方式教导着我,而老师的银发,穿梭至今,牵连着过去与现在,成为最闪亮的星子。现在,我回想起那幅画,名次已不重要,而我也不再记得构图和色彩,只有那个略带滑稽的被俘军官和他在我心中种下的箴言,才是我永恒的回忆。

挨 骂

崔磊　优秀奖，2015年秋高三（19）班
指导教师：刘文华

我挨骂了。高中，第一次，被骂得狗血淋头。走在回教室的路上，下课了，教室开始喧闹。他们该不是在嘲笑我吧？我攥着那张小小的广播站播音员报名表。纸张质量不是太好，大概已经被我手心的冷汗浸破了吧。

广播站，是爱好播音主持的我从初一就开始向往的地方。可惜初中班主任无法忍受自己的"高才生"加入这等与学习无关的组织，便把我从人选中划了出去。我的高中班主任似乎是个"开明"人，于是几天前，我兴冲冲地参加了播音员选拔，入围了，还由站长亲自指导"实习"，一个月后便可"出关"主持了。当然，在这之前，还有最后一步——请班主任在自己的报名表上签字同意。

我轻松地走到班主任办公室，激动地向他汇报了自己入选的"喜讯"，越说，却越觉得自己是在自作多情。他端坐着，没有露出一丝微笑，眼睛盯着那张小小的报名表，沉默着，两分钟后，才阴阴地抬起头。接下来他说话的音量就如一个音响的音量被一个顽童从最小霎时扭到了最大，一句话内语气从和缓飙到暴怒——"你的这些爱好就不能给我到大学去发展吗？你每天去那里播又怎样？浪费时间又没意思，你不知道高中的学习有多紧吗？"

后来，他又以这种盛怒的口吻向我吼了些什么，我忘了。我的脑海被这"当头一棒"打成了一片惨白。我呆滞地杵在那里，活死人一般。再后来——也许是几分钟后吧，风暴渐息，我轻道了句"老师再见"，便像断了线的木偶，

跌出了办公室。

算了吧……算了吧！我安慰着自己。又不是没有经历过，初中不也被拒绝了吗？广播站，又不是什么圣地……高中，要学习！别想那么多了……学习吧。

第二天，我退出了广播站。

高中的日子，紧张而充实。每天，我都在教室、寝室、食堂三点一线中穿梭。偶尔听到广播站的播音声，心里还是会泛起一阵不甘与埋怨，看到学校又组织了什么活动，心中难免会燃起一阵激动与热情，可一想起那晚挨骂的经历，这一丝小火苗也马上被扑灭了。所谓抵抗诱惑、专心学习，大概也就是这样了吧？我拥有这样强大的自制力，我引以为豪。

转眼高二了。一天从食堂出来，看到一群人围着一张宣传板，议论着什么。我挤进人群——哦，省运会国际自行车赛要在县里举行，准备在学校招募志愿者呢！"好隆重的样子，你会参加吗？""当然了！你看上面写的，还有不少国际友人哪！"身边的人热烈地讨论着。看看报名条件：性格开朗大方，语言表达能力强，有一定的英语基础，参加过一些大型活动——这些，我好像都符合吧！

可转念一想，心情便跌到了谷底——选拔，得两节晚自习；培训，又要几个小时？比赛当天，还要旷掉多少节正课？班主任怎么肯？算了，算了吧。就当没看到。日子过得好好的，何必没事找骂？

班里还是有三位同学去参加了选拔。那晚，我坐在教室，对这三位"壮士"的"前途"深感"担忧"——还是待在我小小的教室里安静地做作业好了！两节晚自习过去了，他们回来，兴高采烈地分享着选拔赛中的趣事。我躲在自己的座位上，努力让作业转移自己的注意力——哪怕心中知道，他们肯定会被班主任臭骂一顿，可我还是怕，自己心中的不甘与失落又会泛起……我不想听。

上课了，班主任沉着脸走进教室，站在讲台，把茶杯重重地扣在讲桌上，问:"刚才,谁去参加选拔了?"那三位"壮士"缓缓地站了起来,我又对自己明智的"避而远之"感到庆幸——狂风暴雨又要来了吧,我就知道去参加会被骂,明哲保身才好。果然,他涨红了脸,把桌子一拍,呵斥道——

"差生!"

教室顿时静到了极点!

"除了他们几个,你们,统统都是差生!"

什么!没参加的?我?差生!?

我乖乖地上自习、做作业,强迫自己抗拒了活动的吸引,凭什么还挨骂?该骂的难道不是那几个"不务正业"的?

"这么有意义的活动都不去争取参加,你们还能做什么!?"

我懂了。有意义的活动,不参加就是死读书,就是差生。而班主任认为,这次活动就很有意义。我内心又开始后悔,我当初怎么就不去报名呢,明明很想去的啊……

可是,为什么,我会后悔?我怎么就变成现在这样,想做的事自己却一点都不敢去做,却要等别人对我说"这是有意义"的,我才追悔莫及呢?

幼时有人告诉我们,什么事能做,什么事不能做,可当我们本该有独立的想法时,是否因曾经长辈的威严而恐惧地、惯性地丧失了为自己而活的能力?

在自己的主张遭到否定时,不敢再解释一句,以致尔后都唯唯诺诺,我所谓的"自制力",不就是一个为自己的懦弱而搬来的借口吗?

那时,我内心埋藏已久的一个心愿正破土而出——校运会开幕式,我想做解说员。我想通了,我要争取。

我找到团委老师,她曾指导我参加县里的演讲比赛,告诉了她我的请求。她思索良久,"我只能说,很抱歉。虽然你有这实力,"她说,"但你当初毕竟退出了广播站……"

人生不允许倒带,我只能打起精神,今后,我要勇敢,我要坚强。即便

知道自己的抉择不会永远正确,可至少我要给自己一个自我思考与争取的机会,给自己留下不会因自己的懦弱而错过、后悔的回忆。我突然感激起那两次挨骂,它们让我在人生路上学到更多。

至于这次——至少,我争取过。

开幕式前夜,出乎意料的是,老师同意我去念自己班的入场词,并参与比赛当天上午的播音。开幕式进行得很顺利,我的解说与方阵动作配合得近乎完美。然而在主席台上,我的视线突然撞上了站在跑道旁的班主任的目光,我一惊:完了,我没把自己来播音的事告诉他,又得挨骂了!

可他的脸色似乎并没有沉下去……湛蓝的天空下,他像是在微笑?

这一次,我没有挨骂。

永不斑驳的时光

王宁　优秀奖，2015年秋高三（19）班

指导教师：刘文华

走进兴国班第一天，要做自我介绍，我站在讲台上激动地张了好几次口，却有些说不出话来，没有人笑，都只是安静地看着我，我顿了顿，说：

"很高兴能和大家在同一个班，其实我也没有想到自己能考到这里，哎呀我有些激动，嗯……我喜欢听歌写字看书，哎呀还是好激动，先这样吧。"

吃饭的时候，新认识的同学问我，你为什么说你没想到自己能考到这里啊，考到这里有这么难吗……

我愣了愣，才回答说，现在站在这里的我，是用全县156名的成绩抓住了咱班的尾巴；可一个月前，我还在362名的位置苦苦挣扎，你说难不难。

40多天前，我被老师选进兴国班的备考班。

所谓备考班，不过是老师挑出20多个同学，在每天放学后留下来进行强化训练，发一些竞赛试卷，然后讲一些竞赛试题。刚开始进备考班的时候，我感觉很吃力，那些竞赛题就如落在我背上的大山，压得我喘不过气来。

一个星期过去，我像残缺了肢节的蚂蚁，艰难地挣扎，对峙，退却，又不愿放弃。上完课，夕阳正从天边一点一点地跌落地平线，我拖着疲惫的身子走回家，累倒在床上，看着窗外的天，一点一点，暗下来。

我轻轻啜泣着，想到了自己的未来。

我问自己，你想要什么？难道你要未来的自己也像现在这样，被现实打击得一塌糊涂，然后手足无措地躲在房间里哭？

不，这不会是我，我不要过这样的生活。

从那天起，我开始奋斗，为自己。

我用素描纸做了一个微型簿，在空白的纸上写上：倒计时，32天。

对于备考班的竞赛题，我用最笨、于我而言却是最有效的办法——听老师讲完例题后把每一个步骤都抄下来，回家后一遍一遍地抄，边抄边理解，边抄边提问，等把问题解决后，我再把过程背下来。

一个人的时候，时光犹如守岁白驹，当我试图跨越清冷的午夜去捕捉黎明的曙光，当我还在跌跌撞撞地学步却渴望追上岁月的尾巴，时光却乘着马车，摔进了河里，任我在马上追逐，却看不到路的尽头。

做备考班的竞赛卷需要大量的时间，所以我不得不用白天的课间和午休时间做作业，争取在晚上7点之前做完所有班上发的普通复习卷，用晚上7点以后的时间专心攻竞赛题。

每天，我都在疯狂地做题，每天早上5点半起床背英语，背完之后就开始做政史地生，用10分钟吃完早餐，再冲去学校继续做题，一直做到上课。一下课，我立即从抽屉里抽出试卷，拼命地做着选择题，中午花50分钟做完所有的政史地生试卷的大题，20分钟吃饭，20分钟午休；下午做语文英语，6点放学，7点之前做完语文英语的大题。7点以后，我便全心全意地与竞赛题搏斗，不做完不罢休，以至于常常做到凌晨一两点。有时做到一两点还做不完，就推到第二天早上做。每当熬夜，担心自己第二天起不了床，我就在睡觉前在床头柜上放一碗水，早上闹钟响起的时候就把手伸进寒冷刺骨的水里再往脸上一拍，睡意全无，之后迅速穿衣，跳到书桌前继续奋战。

在那样充实而专注的时光里，周遭的一切似被巨大的玻璃罩隔离，他人的喜怒哀乐与我无关，世间的喧嚣与我无关，窗外的狂风暴雨与我无关，天塌地陷与我无关。我沉浸在自己的世界里，内心充盈着汹涌澎湃的奋进感，催促着自己去完成那些看起来不可能完成的事，享受着努力解题做出结果后浑身上下涌动着的磅礴的成就感。

深夜一两点，平日里喧闹的街道也变得寂静无声，两排昏黄的街灯映在清冷的街道上。我停下手中的笔，伸了伸懒腰，走近窗口望向窗外，听着对面楼某户人家传出的婴儿的哭声，听着偶尔经过的摩托车的呼啸声，心里静得如同这温柔的夜色。我回头，细细打量着自己久久不曾留意过的房间，顿觉浮生若梦。

兴国班考试前两周,我们举行了一次全县联考,我信心满满地做着每一道看着如此简单的题,几天后看到自己仍在全县 300 名以后的成绩,心脏一阵一阵地抽搐,浑身上下都泛着酸楚。回想着自己不分昼夜地做题,回想着自己每天早上都要经受刺骨的寒冷来敲醒睡梦中的自己,回想着每天拖着疲惫的身子踏着黄昏回家……那种每日斗志昂扬的充实感逐渐消散,脑中紧绷的弦突然松弛,浑身疲乏无力,仿佛体内的一切都被剥落抽离。我抱着膝盖呆呆地盯着地板,鼻子一酸,自己好累,真的好累。

我去找邱,想要说些什么来宣泄满腹的委屈,可我走近,发现她正专注地解着竞赛题,若有所思,我便站住静静地等着她。

我和邱,同年,同月,同日,同班,同桌,九年。她,于我而言是灯塔一样的存在,她总是在我偏离轨道的时候,稳稳当当地像块巨型磁铁站在正轨上,吸引着我回归;她总是能在黑暗的地方发光发亮,不管什么时候我遇到什么风暴总是可以回到岸上。我们一起进听力班,一起参加象棋培训,一起加入学生会,一起去赣州比赛,无论什么时候,我们总能因为各种机缘巧合聚在一起,一起笑,一起闹,我们从不一起哭。因为,和她在一起的时候,我们总是给彼此满满的正能量。

我站在她旁边,看着她流畅地解着那些竞赛题,心里想着,我要是能再靠近你一点,就好了。我擦了擦自己脸上的眼泪,挤出一个微笑。

等她做完,她一看见我就让我赶紧坐下,开始给我讲题,这道题是我之前问的,她想了好几种方法来给我解释,直到我完全懂了才开始做另一题。我看着同样努力着的她,一下子释怀了,我告诉自己,你不够好,是因为你不够努力。

脑中的弦似乎又被重新接起,流失的动力悄悄地钻回身体各处,我调整了一会儿自己的状态,和邱一起,埋头做了起来。

时光总是会在你专注的时候悄然离去,任你浑然不觉。离兴国班考试还有几天,老师发下志愿表让我们报考,老师说,大家要根据自己的实际情况报考,志愿没有填好,就有可能过了分数线也上不了兴国班,还丢了八千块奖

学金。

我的心沉了下去,邱注定在平川,而我,可能连三中的兴国班都上不了。就算我考上了三中的兴国班,我也会失去自己的灯塔,在茫茫学海中风暴迭起,若是迷失了方向,我不知道自己是否会在高中被海浪淹没,沉入海底。

回家我问妈妈,妈妈,如果我能考上三中的兴国班却不想去,我想等中考考去平川,您会不会同意。

她说,这个事情你自己做决定,你觉得哪里更适合你你就去哪里,虽然有八千块的奖金,可如果因为八千块的奖金就让你选择你并不想要的人生,这不是妈妈希望的。所以,无论你去哪里,妈妈都尊重你的选择。

妈妈说,她不希望我选择我并不想要的人生。

我的第一志愿填了平川,第二志愿填了三中。老师劝我,以我现在的成绩努力一把应该能上三中的兴国班,可这样填志愿,怕是兴国班无望了。我当时打起精神笑着对老师说:"宁做凤尾不做鸡头!"

其实我想说,得之,我幸;失之,我命。

进考场的时候,我以为我会激动得发抖或是过度紧张,可都没有,填完志愿后我不再那么在乎结果了,心里反倒一片平静,考试时做题也顺畅不少。

十几天后的双休日老师打电话告诉我我考上了平川兴国班的时候,我还在睡觉,一听到这个消息,突然从床上弹了起来,喊着:"啥,你说啥?"再次确认的时候,我激动得滚到了床下……

我和邱一起进了平川。天注定了我们的缘分,所以我们依旧是同班,同桌,同寝。

虽然之后一切恢复正常,可那些不分昼夜的日子就像黎明的曙光,让我感到那是希望,它时时刻刻在提醒着我,有些东西,看起来好像很难得到,甚至连你自己也觉得不可能得到,然而,你可以,你一定可以。

半暖时光

方清　优秀奖，2015年秋高三（18）班
指导教师：王海萍

下过雨的天空一片蔚蓝，澄澈无比，空气退去了尘土显得格外清新，连绵了好几日的阴雨终于消停了下来，出现了久违的冬日暖阳。

放月假了，同学们早已走光，空荡荡的教室里只剩下我一个人无奈地趴在桌头，呆呆地望着桌子另一头放着的数学试卷，刺眼的88分，嘲笑着我的落魄。在全班平均分120的情况下，我不知道自己是怎么做到这个分数的。那么多个与数学抗战的夜晚被宣告了战败，那么多努力做出的改变化为了虚妄，为什么会这样？我想不明白，心口仿佛堵了一块大石，压抑地难受。到底是谁说过付出了便会有收获，可我的收获呢？又被遗忘在了哪个时空？

然而生活的无奈似乎就体现在此，在你还未走出心中泥潭时又劈头盖脸地给你来场暴雨，浇得你心灰意懒、心力交瘁，唯恐你还可以燃起信念再与上天对抗，因为就在这时，妈妈出现在了教室门口。

她欣喜地叫了一句小溪然后便朝我走来。我抬头仓促窘迫地叫了一声妈，试图掩饰着什么，手伸向试卷想把它收起，无奈妈妈的速度太快，终究还是在我收起试卷前瞄到了那醒目的88分。我心里暗自叫苦，却也改变不了结果，只好任风雨来袭，等待着她的责骂。

看着母亲的脸由笑容僵化成了严肃的表情，眼神中落满哀伤与愤怒，嘴中说着的"小溪，我找你半天了，怎么还不……"也便没有了下文。我有一点害怕，可看到母亲消瘦的脸庞时却又多了一丝莫名的悲戚，我无法解释什么，

只好低下头去。过了很久,只听到母亲冰冷的"回家"二字,随即又小声叹息了一句:"李小溪,你说你干的什么事?"像是在问我,却也像在自言自语。

我明白母亲的无奈,她也不想苛求我什么。毕竟在父亲去世前,妈妈也只是一个柔弱温婉的小女人,而在父亲去世后,妈妈也只能变得强硬起来,似乎这样她才可以保护我,才能撑起这个家。她希望我有出息,看重我的成绩,这些我都能理解,毕竟将来我才是她唯一的依靠。

我很痛苦,因为我很努力,我付出的努力比他人多得多,只是在我这儿,努力与回报似乎永远成不了正比,就像溺水的人,越挣扎,反而下沉得越快。我想过放弃,在夜深人静拖着沉重双眼与导数奋战的时候,在早操铃与刺骨寒风中被唤醒的时候,在一次次考试越努力越考越差的时候,我早已疲惫,只是还在机械地行走。高三,是梦想的炼狱炉,熬不过,我心死;熬过,我重生。只可惜心中拥有的希冀一点一点飞走,通往梦想路上的光亮被一点一点吞没,我只能沦陷在黑暗中寻不到出路。

回家的途中,母亲在前,我在后,昏黄的路灯将我们的背影拉得很长,我紧紧跟随在母亲的影子后,沉默不语。

我很想说点什么,但终究开不了口,心中积蓄已久的酸楚像破堤的洪水,汹涌而出,我抬起头来想让泪水回去,不想让自己再为成绩落泪,更不想让妈妈看见我这副模样。泪水模糊了星光,碎碎光亮一点点折射进瞳孔,这让我不禁想起,凡·高那幅斑斓星月漫天旋转的画,那么明亮的色彩,那么夸张的想象,那么温馨的色调却出自一个被生活折磨得痛苦不堪的人,他的心中又是充满了怎样的希冀与光明啊。也许自己不该被自己打倒,这一点挫折相比未来道路上的阻碍也许根本不值得一提,别人都还在奔跑,自己又怎能因跌倒而停下,没有人会同情自己,没有人会在乎自己有多痛,只有立刻爬起,奋起直追,才不会被自己的梦想抛弃。伤口会结痂,不知不觉就不会再痛,生活还在继续,一分一秒都铸成了不可重来的昨日,唯有争今朝,才能让未来掌握在自己手中。

顿时，充满信心的泡泡溢满了心间，那荒芜已久的心田似乎等来了春风的问询，慢慢苏醒。我知道我不会再迷茫，无论失败了多少次都无所谓，无论付出了多少努力没有收获也没有什么，只要心不死，步未停，终有一日可以触碰到自己的梦想，我不在乎要用多久。

这样想着，我不禁加快了步伐，拉近了我和妈妈的距离，追上了她的脚步，悄悄地牵住了她的一只手，在她身旁低声说道："我会努力，不要担心。"妈妈先是愣了一下，随即握紧了我的手，淡淡说道："我不担心，我相信你。"余光中，我看到妈妈嘴角上扬。

妈妈的手心很温暖，仍如小时候一样，恍惚间我好像回到了10年前。爸爸去世后，因为爸爸医药费问题要债的人上门讨债，妈妈也是这样紧紧拉住我的手护在我身前，叫我不要怕，说妈妈会保护你。而时隔多年，再次牵起妈妈的手却不复如初，岁月的艰辛留下了一层层厚茧，不可磨灭。

周遭灯火斑斓，千万户人家亮起了灯火，散发出温暖的光芒，将这个寒冷的冬夜变得暖和。而我知道，家的方向，有一盏灯火始终为我而亮，灯火后边，有母亲明媚的笑容。

我们在这一条一半洒落寒冷，一半沐浴阳光的路上缓缓前行，没有既定的欢乐，也没有注定的悲戚。那些欢欣的、痛苦的终将逝去，然而我们却总是能在这半暖时光中抓住那点温暖，让我们在漆黑的深夜里，即使寒冷也不畏惧，走向心中的曙光。

就像我终于看清了自己的前方，就像我终于领悟了母亲的爱。怀揣着这些温暖，我便无所畏惧，一路向前。

如果你还未等到，如果你还未领悟，不要彷徨，坚定方向，坚持行走，怀揣希冀，静静等待。

"求学路上，人生途中，我们且歌且行，领悟并珍惜。"我在日记中这样写道。

流金的墨迹·岁月的芬芳

朱雨然　优秀奖，2015年秋高一（20）班

指导教师：谢小荣

几乎每个人都有一段沉默的时光，那一段时光是付出了很多努力，忍受着孤独和寂寞，不抱怨不诉苦，日后说起时，连自己都能被感动的日子。

——题记

【一】

外公从房里走出来的时候，手里拿了两支毛笔，一大一小，毛尖上凝着墨，冻得硬邦邦的。

"喏！"他把那支小些的毛笔递给我，"这样拿。"他示范给我看，"看明白了吗？三根手指拿，放松，手不要那么僵硬，握直，悬空，再握高些……"外公说完便坐在了他那把太师椅上，瞪着眼睛看着我，"今天上午，你就这样握着，先把姿势练好。"

乡下的冬天冷极了，我刚起床，脑子还是一片混沌，冻得直哆嗦，"外公，我冷，我累。""忍着，学一样东西哪比得上你吹蒲公英好玩，痛苦那是必需的，自然那也不简单，但忍忍就过去了，以后你不会后悔的！"说完，他点燃了一支烟……

那年冬天，我刚满10岁，我的童年，早早地进入了尾声，等待我的，是一片流金的墨迹，在岁月深处扬着淡淡的芬芳……

【二】

我坐在一张老藤椅上，一笔一画地临摹着字帖上漂亮的颜体，心里默念着：

上长横，起笔藏锋或露锋，头斜尖，尾斜圆……外面的风很大，除了树叶止不住的哭号外，四周都静得可怕，屋里暗得很，外公已经靠在椅背上睡着了，偶尔听得到他微弱的鼾声。我轻轻叹了口气，摸了摸字帖上风干了的墨迹，重新把目光聚集在上面，往砚里加了点墨水。耳畔，是呼号不止的风声……

杨绛说，人生最曼妙的风景，是内心的从容与淡定。

外公也总说，书法是最美的，如夜般深沉的墨迹映照出人性的光辉。

[三]

13 岁那年，外公出了车祸。少了外公的指导，也就意味着我今后的书法学习将更加艰难，假期我时常窝在房里练字，衣服、床单被蹭脏那是常有的事，母亲为此常骂我，罚我抄课本，甚至扔掉我的毛笔，我最终被迫停止了我的书法练习。

去年夏天，一位书法家来这里为他的作品做巡展。那时我正上初三，最紧张的 6 月，我却每天下午放了学便抓起书包蹬上 20 多分钟的自行车，累得大汗淋漓，只为欣赏那一幅幅黑黑白白的卷轴。

我站在一幅幅卷轴前微微地喘着气，用颤抖的食指细细比画着——这个"悬针竖"漂亮，那个"下长横"大气……

我还记得巡展结束的那天，回家时肩上趴着的一抹俏丽的夕阳。胃里是空空如也的，可心里却有种久违的满足感。

上帝也许无法给你什么，自己的花儿必须自己开放。我这样想着，转身走进了一家文具店，买了一支新毛笔。

这很难，但我不后悔，我明白，以后的日子会更加艰难。

[四]

沸腾着的青春里，我固执地选择了那如夜般安静、如山般沉稳的墨，从此我不去想未来是平坦还是泥泞，只要热爱，这便足矣。

芬芳岁月，墨迹流金，彼时，时光正好。

那条路，那个人

肖伟丽　优秀奖，2015年秋高二（22）班

指导教师：康金平

听说人去世后会变成天上的星星默默守护着他所爱的人，照亮所爱之人前行的路。

——题记

"学以致终身"，在学习的纵横阡陌，踽踽独行，或见落英翩跹衰草盘桓，或经流水人家榆柳娉婷，或与轻烟袅袅慢飞云共舞……十几载的舟车劳顿，愿抵化你一个明媚的笑颜。

"我不要去上学，爷爷，不要送我去上学，我不要离开你……"6岁的我歇斯底里地喊着。"囡囡，听话，上学多好啊，可以学到很多有趣的知识，还有很多小朋友呢。"我停止了哭闹，用脏兮兮的手抹掉眼泪，"真的？"爷爷伸手帮我掸掸身上的灰尘，"爷爷可不骗人，爷爷待会儿在路上给你买糖吃。"年幼的我最终还是屈服于糖衣炮弹之下，踏上了上学的路。初秋的阳光总是那么温和，斜斜地洒在草垛上，洒在路上，洒在爷爷黝黑的脸上，这样的爷爷好像永远不会老去。爷爷那只苍老遒劲的手紧紧攥住我稚嫩的小手，晨曦拉长我们的身影平整地铺在路上。

我舔着五彩缤纷的糖，听着爷爷的唠叨极不情愿地进了教室，靠窗坐了下来。最喜欢靠窗的位置，清新的风吹进轻拂我的发际，令人在上课时心旷神怡。而且窗外那片土地上有旖旎的风景和那个熟悉的身影。上课时，鸦雀无声的气氛使人压抑，我喜欢看窗外，看他佝偻着背，扛着锄头在田野上检阅军队一般一丝不苟地巡视着他的土地，那里埋藏了他年轻的热血。看着豆大的汗珠沁入泥土滋润出花的芬芳，亲爱的爷爷，永远不要老去。

那条路日复一日地走，一大一小的背影无数次被拉长，我齐耳的短发变成盘桓的发髻。9岁的我因顽皮从树上跌落摔伤了腿，去学校的路上都由爷爷接送，把我安全送到学校，他便安心地去"研究"他的土地。学校是个神奇的地方，不知不觉中使我们退去稚气。一阵急促的下课铃声响起，所有除了我以外的孩子像离弦的箭般冲出教室，学校外面有他们的一片新天地，而我却呆坐在原位。

"囡囡。"是爷爷雄浑的声音，"爷爷有点菜秧没种完，你乖乖待在教室，可别乱走啊。"

"嗯。"我嘴角微微扬起乖巧地应道。

渐渐地黑幕降临，星星悄悄爬上天际。爷爷弯着的腰像一把弓，弯下去亲吻着他的土地。我看着爷爷锄草、挖土、栽种、灌溉，聒噪的蛙声此起彼伏。我突然想变成一棵树，一棵长在田埂上平平凡凡的树，绽放一树荣枯，在墨黑中守望，在炫白下坚挺，生长秀丽的枝条，只为在你疲惫时做你坚实的依靠。终于，爷爷完成了他的劳作。

我趴在爷爷背上，他一只手托着我，一只手拄着锄头搀扶着。爷爷仰起头，看着头顶那颗最亮的星星说："囡囡，你看，你奶奶正在看着我们呢！"我眼里闪烁着星星的光芒问："爷爷，那你以后也会变成星星看着我吗？""会的，爷爷以后会变成最亮的星星看着我们家囡囡去上学，去田野捉迷藏……"轻柔的月光倾注下来。"好呀，那爷爷你可不许说谎啊！"爷爷笑着答道："好。"一阵爽朗的笑声在这条寂静的路上如一滴墨在水中泅开般朴实。这个夜晚，这些话，你可要记得。

在笔尖与纸面的摩擦间，时间就这样走了；在步伐与地面的接触间，时间就这样走了。时光无情，洗白你的发，染上霜华。

又是繁星满天的夜晚,星星像大山里的孩子渴求而炯炯有神的大眼睛。那条通往学校的路上仍有晚归的农夫扛着他的锄头,头顶上一片明皓。然而那些我却无暇顾及,我同爷爷的其他儿孙在爷爷的病榻前守夜,屋里瞥不见星星,白炽灯让房间里的每个人都看起来苍白无力,像在预示着什么。"囡囡",还是那个称呼,那个叫了16年的称呼,现在一听,心里忽然涌起一股暖流,温润了我的眼眶。我赶忙上前,爷爷用冰凉的手握住我的手,"囡囡,爷爷要走了,你要听话,发奋读书,考上大学,不要像爷爷一样一辈子当个农民。"我哽咽地应道:"好。"我拼命地点头,打转的泪滴甩落在爷爷的手背上,余温传递着爱、希望与不舍。我退在一旁,看着爷爷,看着他脸上突出的青筋书写岁月的无情;看着他额头上的千沟万壑铭记着人生的沧桑;看着他稀疏的银丝显现牵挂与惆怅……就这样看着,为何世界又陷入无边的模糊?庭院中的桃树最后一片花瓣终究还是飘落了,被泥土的芬芳吞噬,来年春天是否能再显一树希望,你又是否会遵守我们的诺言,像梦般美好。

那条路上,一个背影,独自行走。

春去也,人何处;人去也,春何在?在这求学的路上患得患失,却仍觉得这世界美好无比。晴时满树花开,雨天一路涟漪,阳光席卷村庄,微风穿越指尖,上学沿途每条路铺开的影子,全部是你不经意写下的一字一句,留我年复一年地朗读。这个世界是你的遗嘱,而我是你唯一的遗物。

天上的星星,看见我了吗?

第五篇

最难忘的中小学恩师
——2016年首届"远谱杯"作文大赛获奖作品选

恩德如峰

钟妍 一等奖，2016年秋高一（19）班
指导教师：滕梅云

许先生是我初中三年的班主任及语文老师，其对我的影响之深远、印象之深刻竟不能以言语描述，只得用几件小事小记一二。

其实刚步入初中校园时，我是转入许先生班的，那时许先生班已有60余人，堪居年级之首，故先生找我谈话时我并不惊讶。我还依稀记得那场面：地面的热波直到四楼都余威尚存，慑得我心头直闷。斜阳射入楼道的光线犹如一只金乌，破开尘埃地叫嚣，无端给生气勃发的教室笼上夕日的气息。时有时无的晚风若荒芜中的甘霖，赐予炽热救赎。许先生半倚在扶栏上，头发乱糟糟，半眯着眼，脸上有掩不住的疲惫，着一件洗得发白的T恤，半趿着凉鞋，乍一看竟像个二婚的。

许先生似乎听见我的到来，睁开了双眼，接下来是冗长而苍白的问话：名字、分数、长处……我只得小心翼翼地答着，生怕一个答错许先生便让我回原先的班级，但却没有。问话结束后许先生沉默少时，兀地伸出手，摸了摸我的脑袋："既然来了我班上，就好好学习，为班争光，知道吗？"我怔住了，先前所有的小心翼翼骤然土崩瓦解，泪水积满眼眶，我只得揪住衣角，重重地点头。

晚风卷起荒芜地中的沙石，好似无意地聚作一堆，甘霖降下，黄沙飞舞的土地冒出些许嫩芽，带来些许希望。

许先生与我的谈话令我误以为许先生是个温和的人，其实不是的，许先生是一个周正、严厉而雷厉风行的老师。

　　许先生极少批改作业，作业从来是上交后不久便会发还我们。上交时怎样，发还时还是怎样，故我们十分懈怠许先生的作业。又是如往常般将作业上传，风平浪静地直至下午放学。此为一日中最为喧闹之时，众人皆无暇去关注教室之中是否多出了一人。许先生就这样悄无声息地踱进教室，于众人皆未反应过来时，重重地把作业摔在讲桌上，力度之大，似乎令整个楼层都抖了三抖。喧闹的声音消弭了，偌大的空间充斥着嗡嗡的回响，我们只敢依靠生物本能呼吸。

　　许先生双手撑着讲桌，身子略前倾，脊背如松树般笔直，如觅食的苍鹰般的目光在空气中来回游荡，寻找猎物。许先生长得就很不怒自威，这一发怒，惊得我们把呼吸都减弱几分。后来，我听说彼时的许先生不过二十五六岁，活生生将我惊出一身冷汗。旋即许先生开始念名字，要人上去领作业。每上去一人，许先生便会用作业本狠狠甩在那人身上，大声质问为何不完成。那声音洪亮如钟，十分慑人。好像就是从那一天起，班上的语文作业再无未完成的。

　　许先生对我们要求极高，不仅作业必须完成，上课还必须全神贯注。许先生有一项绝技——行无声如风。上课时，他便会使出这项本领，无声息地靠近教室，无声息地锁定"猎物"，再无声息地将"猎物"带回办公室，整个过程行云流水一气呵成。开初，任课老师还会询问几番："那位同学呢？"我们只好答道："被班主任叫去喝茶了！"时间长了，便也就见怪不怪，索性连去向也不问了，照常上课。

　　许先生私下却不是如此。

　　于一次月考后，全班成绩都不理想，许先生板着脸，让我们写总结。我那时还不思进取，所写的总结现在想想就露着这么个意思：我知道成绩不理想，但那是外因导致的，我下次肯定能取得好成绩。我自己都觉着字里行间露着俩字——敷衍，且丝毫无反省之意，令人想怒摔本子大喊混账东西。许先

却十分认真地批了字:"心怀鸿鹄志,戒骄戒躁,假以时日定能腾飞九天,请努力!"底下还附了行小字:"我希望有一个如你般上进的女儿。"我担不起此等评价,内心的焦灼与惶恐化为我上进的动力,勇攀知识的高峰。

八年级时,我有幸参与了汉字听写大会,代表兴国作为赣州二队前往南昌比赛,其中带队老师就有许先生。我们去时内心装着火焰,妄图把前方所有困难险阻都化为灰烬。可惜准备不足,止步三十二强。那满腔热血被当头淋灭,豪情收于心底,壮志散于云里。每个人脸上都带着故作无谓的笑容,只是眉间那点阴翳似朱砂痣,抹不去,洗不尽。许先生好似也是如此,一只裤腿高高挽起,弓着腰,双手别在背上,头向前倾。平日里闪烁的精光也散去了,余下数不清的颓废与落寞。这样的许先生还收敛了自身的严厉,放下身段来哄我们,状若无意做些事逗笑我们,与我们讲老师间的趣闻……

这样的许先生,怎叫人不喜欢?我进入平川后,曾回去看望过许先生。那日很多我这般返校看望老师的学生,我不好再为许先生增添烦恼,下午才踏着秋风徐徐到达。我轻车熟路地找到许先生的办公室,本以为会人声鼎沸,没曾想里面的人寥若晨星,许先生身旁更是空无一人。我三步并作两步,进入办公室,看见许先生坐得笔直如竹的脊背,最终只是怯怯地唤了声许先生。许先生兀地抬起头来,眼睛里有收不住的喜悦:"你来了?在平川怎么样啊!适不适应?……"我斟酌着字眼,一字一句地回答着。一瞬间,我竟以为我依旧站在三年前的楼道,吹着晚风,战战兢兢地答话。我几近控制不住奔涌而出的泪水,匆匆告别后仓皇逃离。

秋风一阵一阵将落叶卷向远方,却被巍峨的高峰挡下脚步,下方是郁郁葱葱的佳木,只消一眼就将沉溺于绿色海洋,已然不见荒芜地的半点痕迹。

先生者,年长之辈也。后生者,年幼之子也。先生传以后生阅历,处世之道也,是为德高望众之人也。

老师者,论道之职也。学生者,功名之流也。老师授予学生书本,学术理论也,是尽答疑解惑之责也。

是故为"许先生"而非"许老师"。

而鸿鹄展翅于凌霄，放眼万千星辰，阅无尽峥嵘岁月，知自身之渺小而戒骄戒躁，收起翩然翼，落足凡世间，还知恩。

今日暂且歌一曲：

行如风，站如松，声音洪如钟。三余载师生情，于我感激似水，绵延细长无绝期也。

温似玉，和似雨，言语春风沐。千万点教导意，予我恩德如峰，巍峨壮丽不敢忘哉。

不敢把君忘

杨丽婷　一等奖，2016年秋高二（17）班

指导教师：刘红梅

说是那寂寞的秋的清愁，说是那辽远的海的相思，假如有人问我的烦忧，我不敢说出你的名字。

——题记

"这感觉是'天下英才，尽揽我门下'呀！"说完，你嘿嘿地傻笑了起来，你笑的样子很萌，配上你那圆圆的肚腩，可爱得像弥勒佛。你可能不知道，我们私底下都叫你"萌叔"。

与所有的语文老师一样，你的语文课也是如此按部就班。可是，讲到《烛之武退秦师》时，你又会提到"国虽大，好战必亡"和"天下虽安，忘战必危"来丰富我们的积累；学到《记梁任公先生的一次演讲》时，你又会放下时间来模仿梁启超先生的开场白，只见你眼睛向上一翻，"在下没有什么学问——"轻轻点一下头，"可是也有一点喽！"那滑稽的样子惹得我们哄堂大笑；当学《包身工》时，你又会十分愤慨地引用马克思的话："资本主义来到人世间，从头到脚，每一个毛孔都沾着血和肮脏的东西！"太多太多了，以至于让我感觉你的每一节课都是一场文学盛筵，甜美而滋润。是《红楼梦》吗？是李太白吗？是苏小妹吗？是把满天大雨化为古韵还是将水墨丹青画在心底？如此种种，你总是显得那么游刃有余。

语文学习注重积累但更需创造。你总是喜欢这样说，但也确实是这样做的。学完《老人与海》,你便趁热打铁:"来来来,我们写个感想吧,15 分钟以内。"赏析完李商隐的《马嵬》和李清照的《声声慢》,你又鼓励我们全班开个诗展,希望涌现出几位"小诗仙"和"小清照"来;突然有一天,你又当起了"甩手掌柜",号召我们分成若干小组,让学生当老师给全班讲解课文……虽然每次都引起阵阵怨声,但我们都能很快进入状态,最终,连我们都吃惊自己竟然如此有才!

"我说你是人间四月天,笑着点亮了四面风,轻灵,在春的光艳中交舞着变。"每当我念起这句诗,脑海中就会浮现你的模样,还有你那可爱的微笑。

记得那天晚自习,我在课桌底下偷偷看起金庸的武侠小说来,正沉浸于那激烈的武打场面,丝毫没有注意你的到来。"看什么书呀?"一听见你故意压低的嗓音我不由得打了个激灵,顿时冒出奔赴"刑场"的决绝,莫名地涌起一股"风萧萧兮易水寒,壮士一去兮不复还"的赴死精神。可不料,我等来的并非劈头盖脸的一通臭骂,"看的书涉及面很广嘛!不错,老师也很喜欢看金庸先生的书,不过要记得下课再看。"你轻轻地摸了摸我的头,乐呵呵地走了。当时不明白你为什么笑,现在想起来,莫不是老师少年时期也因看武侠小说被"抓"了个现行?我突然感觉因为这个共同爱好我与你的距离近了不少。

之后的高中生活学业负担越发繁重,我就似一只拖着沉重的壳的蜗牛,在学习这片茫茫的沙漠中踽踽独行,之前所谓的荣光在我的身上已了无踪影,从顶峰到谷底的我摔得遍体鳞伤。我总是摆脱不了失败的侵蚀,犹如风雨中哭泣的百合花,淡薄了对阳光的渴望和那份持久的傲然之气。正当对自己失去信心乃至自暴自弃之时,我惊喜地收到了你的留言:你很优秀,老师相信你,你更要相信自己,要记住"兴国安邦,责在我辈"。这寥寥几语无疑是在无尽的黑暗之中突然出现的一束阳光,光芒万丈,一直亮在我心里。我轻轻地念着:"兴国安邦,责在我辈。"不知不觉中,便有一丝希望在我的心间萌发,渴望生长。

"大家看这篇作文,无论是从结构上还是内容上都十分值得我们学习……"

  时间已经过去大半节课，可你却依旧毫不吝啬地在点评我的作文，种种溢美之词让我受宠若惊。"你很优秀"这句话在我心中不断回响，声波渐渐荡漾驱赶了在我心底的阴霾。

  窗外的树从刚进校门时的郁郁葱葱到如今的木叶萧索，阴冷的风呼呼地吹来，不知不觉一年就这样过去了。有你陪伴的一年短暂得就像睡了一觉，可正是在这一觉里，你让清风寄给我一场幸福的梦，在梦里，你教给我文学知识，更重要的是你教会我自信、奋斗。犹记得你读张洁的《我的四季》："一个人要是能够期待，就能够全力以赴。"那坚定的声音，我从来不敢忘记，那时的盛夏，梧桐落下一地清凉的绿意，铺垫我们一起走过的光影。现在想起来，我们一起走过的时光，就像一席暖暖的烟雨，点点洒在花前，我的眉间。

  当时的我，天真地以为能继续与你追忆青衫对饮三人，追忆美人幽幽葬落花，追忆白衣打马嗒嗒过；能继续和你感受飞絮绕香阁的一帘诗意，感受春风得意马蹄疾的一怀欣喜，感受大江东去浪淘尽的一腔豪迈；能继续与你在文字里打坐，在文字里穿行，在文字里放歌。然而，文理分科的消息传来，意料之中却又猝不及防，毫不留情地打破了我美好的幻想，一切的一切都让我如此措手不及。

  分科前的那天晚上，窗外下起了淅淅沥沥的小雨。衣服上带着雨水印着的湿迹，头发上还有几滴水珠未来得及拭去，你，赶了过来。卸下前一秒的匆忙，你背着手，在教室里徘徊，每经过一个同学身旁，都会刻意地多停留几秒，眼神里透露着无尽的慈爱。你是不是也在感慨时光飞逝呢？当初一个个稚气未脱的小孩子如今都已面庞坚毅。你轻轻地迈上了台阶，双手撑在讲桌上，一遍又一遍地环视着我们，目光温柔，在白炽灯的映照下，我依稀看见你的眼眶里泛着泪光。窗外，雨依旧下个不停，不合时宜的铃声打破了窗内的寂静，你怔了几秒才缓过神来，低声道："好，下课，大家回寝室的时候要小心。"说完，转身离开，那被昏黄的路灯拉长的影子在黑夜中，渐渐隐去……

  分科后那天，我经过熟悉的教室，看见你熟悉的身影，听见你熟悉的声音，慷慨而激昂。所有的一切一如我第一次遇见你的那天，站在讲台上的人依旧，只是听课的人已不是我。我开始回忆过往，思念以前：在中秋节前夕，你给我们算"时间账"，叮嘱我们要珍惜与父母相处的时光；在梅雨时节，你一大早赶到教室，告诉我们要换好雨鞋，说完还指着自己的鞋笑说不贵，才20多元，没有的要赶快准备好。以至于以后的每一个下雨天，我们都会开玩笑说萌叔又要"推销"雨鞋了；想起你在教室门口拾起一枚硬币，又来教育我们要关注细节，再小的东西累积起来也会蕴含无穷的力量，可我们却嬉皮笑脸地指责你太"贪财"；还想起你唯一不萌的一次是因为我们班早退，你大发雷霆，那恨铁不成钢的眼神让我至今都无法直视……

"兴国安邦，责在我辈"这句掷地有声的话语将我从美好的回忆拉回残酷的现实，笙歌散尽游人去，始觉春空，我摸摸眼角发觉泪水早已决堤……

秋风清，秋叶起，细碎的时光如纸片般在风中飘零，却总不被风吹去，漫步在校园的林荫道上，抑或是在学习的间隙中，我总是会时不时地想起。还记得莫言在《我的老师》中写道：这是一个被千万人写过又将被千万人继续写下去的话题。今天，我在这儿想起你，感激你，能成为你的学生，是我的荣幸，也是我的幸运。

亲爱的谢老师，山无棱，天地合，乃敢把君忘。

老黄的老老黄

黄可 二等奖，2016年秋高一（19）班

指导教师：滕梅云

老黄是我，老老黄是我的初中班主任。

亲近的朋友习惯叫我老黄，而恰巧班主任也姓黄，我们便打趣地称他"老老黄"。

老老黄是一位比70后还像70后的80后男青年。一个原因是他的肚子。他的肚子一直是五个月大，圆滚滚的，以至于穿着一直很正式，夏季衬衫西裤，秋季一套西装，冬季皮袄西裤。另一个原因便是他的声音。老老黄的嘴唇很薄，但声音却是极其有厚度的，洪亮且有磁性，说起话来铿锵有力，一字一句颇有美声的味道。

老老黄首先是我们的语文老师，再是我们的班主任。

作为一名"永远忠诚为你们服务的工作者"，这是他自己的说法，只要老老黄不开口，其实乍一看不像这么一位"传道授业解惑"的工作者，用他最爱的本山大爷的话来说，一定是"脑袋大，脖子粗，不是大款就是伙夫"的类型。但话说回来，老老黄确实是一位与众不同的老师。

老老黄的课，照例他提前来，先接电脑，那时是老旧的多媒体设施，老师带笔记本电脑上课，他先改改课件，换换桌面，时不时还会放上几篇自作的文章。这些他都让我们看，吊着我们的胃口，致使老老黄一到，整个班的吵闹声都小了许多。

上课铃响，打开课件给我们上课，老老黄的课，尤其是作文课和班会课，他是绝不用网上下载的课件的,他会在自己制作的课件大标题下打上自己的名字和制作日期。原因是他知道我们由此不会辜负他的用心,整节课下来认真地投入,课件上没有花哨的背景,只有单调的清一色的背景图和充满班主任风格的文字,我们也知道定是老老黄的原版制作。接着他便开始上课,那时遥控兼有扩音的功能,一不留神他便会瞬间移动一样神奇地出现在旁边,把遥控冷不丁地递到你嘴边,"来,×××你来回答一下这个问题。"通过前头的音响,连回答的"我不知道"也大声地在教室回荡。正因为这样,我们也绝不敢有丝毫的懈怠。讲到起劲的地方,他也是对各路野史信手拈来,手脚并用地诠释。

就是这样上课动如脱兔、暗箭难防的老老黄,作为我们的班主任,我们是闻风丧胆的,与其说"敬畏"倒不如一个"怕"字来得真切。

从早晨睁开眼睛到晚上就寝,紧迫可不亚于军训集合。最记得那时早上由于冬天,推迟到6点20集合跑操,月亮挂在灰蒙蒙的天上,偶有呼呼的冷风掠过偌大的操场。在起床铃响前,耷拉着肥大的校服整个班一动不动地在风里凌乱,其实来得最早的不是我们,是老老黄。来得早一点儿的时候,会看见老老黄一个人搓着手在操场跑步,风摩挲着他的皮袄,把我们的脸刮得通红。

这样的早晨,发生在初中三年的冬天。

老老黄就是这样,永远给人内心热血澎湃的感觉,无论对他的学生还是我们的祖国。

曾经创下的最高纪录是一节课只讲了两道选择题。一道是词语题,一道是病句题,只因其中一句是评判世界局势的时政,老老黄即滔滔不绝地讲起来,他的声音极其雄浑有力,言语中透着激奋和骄傲。我想起初三刚开学,周一升国旗时大家都抓紧看书,老老黄便呵斥我们:"国旗升起时,无论在干什么都要立正注目,唱国歌要唱得大声,这是一个肃穆的仪式。"

是啊,这是一个肃穆的仪式!

再没有人低头或沉默。

这是老老黄带给我最宝贵的东西,除了自觉习惯的形成和赤子之心的感

染,再有一个是十五六岁最敏感的话题:早恋。

在这样各种观念形成的时期,老老黄无疑是使我深受影响的。

就是一个蝉鸣不绝的下午,一个60多颗心都稍微有点儿躁动的下午,老老黄给我们开班会——男女交往。

谁也没有想到他会给我们先讲起了自己。

"2001年刚刚参加工作,被调到偏远的地方任教,那时候我呢,刚从师范毕业,俨然一个竹竿一样的穷小子。"此话一出,我们便笑倒了一片,"老师您那能撑船的肚子哟,论它是怎么养成的?"他把眼角都笑皱了,"确实嘛,老师我那时候很瘦的!那时候啊,偏偏就遇见了你们师母……"仍然记得的是,老老黄告白被拒的一句话,十分现实:"你现在什么都没有,拿什么喜欢我?"而后老老黄便努力工作,最终抱得美人归。他说完很郑重地迈着他的大步子走到讲台中间:"谈喜欢是要有资格的,这不单单是种内心的情感,更是种责任。而你们这个年纪,要先谈学业与梦想,再去触碰爱情与生活。当然,这是正常现象,但要树立正确的观念。"

我却不知怎的想起那样一个雨后湿漉漉的下午,老老黄牵着他10岁的女儿一蹦一蹦地从办公室出来,两个人都笑得很开心。

我想我好像懂了一点那种责任。

他调侃自己是"老男人",好像在记忆里还真是够"老"了。记得深刻的有许多,有行云流水的讲话,那样鼓舞人心;有语重心长的教诲,那样历历在目;更有无限延伸的课堂,那样天马行空。我也能感受到那样一种爱,对学生的那样一种爱。

我该怎样形容这样一种爱,有点儿如父亲一般的沉默和内心充满却无法说出口的期待,有点儿如忘年之交般的平等相待和永远站在你身后长者兼朋友的笃定。

这是我整整三年以后,得出的最终结论。

我将永远不会忘记这样一位永远热血沸腾的老师。

老善的背影

付水平 二等奖，2016年秋高三(21)班

指导教师：邓斐

"吱呀……吱呀"，一阵链条与金属壳产生的声响，从远处响起来，渐行渐近。我停下了步子：这会是他那辆"大横杆"凤凰牌单车吗？破旧得像古董的老单车。我慢慢走着轻轻地回眸，我以为依旧是他，但意料之中，只是一位慢骑着单车的陌生的老人。

这是我上高中后第一次回到这里。曾经自己挖来的固沙草皮已蔓延了一大片，边上长满了松苗。走近些，此景与往事交织着映入眼帘：一座由红砖泥瓦建成的斜顶屋，两间不大的教室，三个年级外加个学前班，四位年迈的老师。我最初的校园。

老善曾是这所"村小"的校长，年逾耳顺，那辆古董单车便是他的代步工具。因为教室少学生也少，教室左边是二年级，右边是我们三年级。老善教语文，上完左边的课就上右边的，他总爱讲些我们不曾了解的新事物，就像英语："China就是中国的意思，最初英译作瓷器，因为中国在古代是瓷器大国。"老善叩了下黑板说："以后啊，你们有出息喽，出国就要用上它嘞！"我就在座位上睁大眼睛，静静地听他讲。

有一次，最后面一排吊儿郎当的高个子课上打岔："学这些课本有什么用啊，村里种田打工不照样活吗？"老善听了后眨着眼，轻轻地放下手中的语文书，劣质粉笔的白灰尘从书页间飘了出来，在空中翻飞，"孩子们，这节课咱不讲课了，一起到外面水泥坪上玩吧。"随后，几十个学生陆续地小跑到外面，

　　我们看着坎下的那条大马路,老善走近前说:"我们的学校是对着路的方向建造的,你们的父母都曾在这里上过学,有的和我一样当了老师,有的做了老板,也有的在家乡种田。向着路含意有很多,是出路也是为了能看得更远,我们只有努力学习知识才能考上高中上大学,才能走出去。"老善挺了挺腰板儿,祥和坚定的目光注视着那条大马路。

　　我若有所思:老善曾教过我的父亲,祖父和他也是旧友,听说当年因家庭太穷了,祖父本想让正上初中的父亲"挖山"打工,好在老善对祖父一番开导,这才让父亲没有辍学上了高中。那个年代读完高中还算挺不错的,出路也更宽。"当当……"几声敲铁棒的放学铃打断了我的思绪。老善让我们收拾好书包回家。他总不放心学生们走大马路回家,就一直都会跟一段路。路队长领队,老善在后面推着单车静静地走着。车多的时候,他忙说:"大家往里走近些,小心车哦。"我有时能看见他脸上溢出憨厚温暖的笑容,在他眼里,望着孩子们欢愉的背影似乎是一种幸福,又是一种如春的希望。

　　临近傍晚,暮色四合了,其他同学中途陆续到了家。而我家正是离学校最偏远的,有段小路只有我和老善两人走,我就问他棋术上的问题:"下棋时易受打扰,总会瞻前顾后怎么办?"我望着他问。"你爷爷棋艺和我差不多,你在家多问问他嘛。"很明显,他在想事。我又告诉他:"爷爷忙着给人家喜事丧事出日子呢,又得经常出门给人家看风水,都没时间理我了。"老善挠了挠白头发说:"嗯,那有时间你就来找我吧。""好啊,嘿嘿……"我抬着头对他应道。

　　聊着聊着就到家了,老善停下说:"你到家了,我也要回去了。"他把单车托起向后掉了个头,左脚先一蹬,右腿往车身一跨,随着双脚的不停转动,骑着车驶出了我的视野。

　　又到了一年一度的全县小学生象棋比赛。很多次我去敲开那扇未上漆的双扇办公室门,向老善请教应对各种情况下的紧张和令人踟蹰的棋局。他停下了手中批改的作业,推了推鼻梁上挂着的老花眼镜说:"来,我们先杀几盘吧。"我应道："好啊！看我不杀你个光杆司令。"说罢摆好棋盘，我连下几盘都输了。有一些晚归和扫教室的同学接二连三地凑前来看，顿时我就心慌了，总想着下输了怎么办，一盘都没下赢岂不是太丢人了？我低着头没有说话，额头直冒汗，我想他应该看出我浑身不自在和被扰乱心思了吧。看了看棋盘，老善只需几步便可下成死局。老善说："你啊，太容易受旁人打扰，下棋时心要端正，静下心目览全局才有用。"我抿起嘴望着他，他随手拿起作业本看了起来，用笔敲了我一下："下棋就不要怕输，别把输赢看太重了，当平常就行了。"我一边看着眼下的残局，一边思忖着点头。

老善见我心有领悟，底子也还不错，便向乡里中心小学推荐，给我报了名，过不了几天要去县一中比赛。去县城的那天早上刚好下了点雨，而中心小学远在街上，我到自己学校的时候，老善已经备好车整装待发了，看他那疲倦的样子，一定是早早来了学校，等了有一会儿了。他一见我就说："来，快坐上来吧，我送你去中心小学，不要迟到了。"好像瞬间变得精神抖擞了。

早晨的马路上安静得很，他边骑边强调着："比赛时不要慌，用心揣摩，静下心来，努力过输了也不要紧。"后座上的我点头应道："好，好。"他把头向后转了下说："你坐稳些，我好骑快些。"过了会儿我们就到了街上，我下车他推着单车，上了个坡就是中心小学。校门口停着两辆小轿车，我看着老善推着的"大横杆"，再看看那两辆小车，心里一时说不出是什么感觉。

"善滨老师好。"一位年轻的老师鞠躬向老善打招呼。也许他也曾是老善的学生吧。老善对那位老师说："这孩子没有去过县城，怕他走丢，你多注意一下他吧。"说完老善把我拉前说道："到县里了别乱走，听从这几位老师的安排，还有记住我刚刚和那几次下午说的话。"我认真地点头，然后钻进了车的后座。像摩托车发动的"轰轰"声响了起来，车缓缓往前走了，我爬起透过后窗看了看老善，他和那辆单车停留在校门旁，车拐了个弯后便消失在视野里。

到了县一中，休息了一会儿我们就去找赛场教室了。每个选手都要比五场，我每赛完一场后都坐在教室外不远的台阶上，静静地想着老善的话，调整

好心态激励自己。最终我险胜了四场并得到了 8 分,事后我才知道乡里总共得了 20 分。随后我很开心地同中心小学的老师和同学们回乡里了……

一年一年过去,这所学校跟我一样都留下了一个又一个光阴的足印。如今站在这块曾晒满金灿灿的稻谷的坪上,那些有趣的往事总会浮现在眼前:一起爬后山捡柴;还有爬山抢红绸的游戏,抢到了就代表最先登上山顶还可以少背篇课文,而其余人就得乖乖遵守老善说的规则去好好背语文书。

记得那天我很早就去了学校,坐在台阶上背着《我爱故乡的杨梅》,"一排排的杨梅树,欢快地吮吸着春天的甘露……",突然一阵"吱呀"声响了起来。老善也来得很早,我边背边看着他推着的单车,他一脚踩下梯形双撑,两手用力抓住后座往后一拉,车就立起放好。他朝我的方向看了看说:"不错,来得挺早哟,读书背书用心点!看我单车干啥?以后你开小轿车嘞。"这让我想起他推着车和我走向那两辆小轿车的那个场景。我装着没听见他说的话,读得更响了。

……

初中时还经常可以遇见老善,但他已经退休了。源坑小学也搬到了新建的校园。站在九年前二三年级混合教室前,恍如隔世,空空的教室破烂的窗子,里头的旧气息如记忆仿佛要从窗口涌出来,手指不经意间触摸到曾挂公示栏的墙,"哗哗"落下丝丝"白粉",簌簌飘落在了粗糙的水泥地面,尘埃落定,如旧事埋藏在更深的光阴中。

最近一次看见他还是在一年前,在哥哥考上大学的升学宴上,彼时老善还是习惯性地穿着陈旧却整洁的中山装。我走上前向他打招呼,他只是微笑着,静静地旁听着他听不太清的话语,我进屋搬了张竹椅让他坐下,他看了看周围,又端详着父亲和我,样子还是那么和蔼,那么朴实可亲。

"吱呀……吱呀",那阵声响又响了起来,老善吃完饭便回家了。吱呀声从此处向远处慢慢消逝在风中,那略微佝偻的背影,破旧的古董单车同老善与我交叠的光阴,远远近近,满是弥足珍贵的记忆。

人生启蒙会影响一个人一生的走向，所有的真情都会在时间的流逝中渐渐获悉。懵懂的年纪里，那些无声有声的关爱和引导，塑造着我幼小的心灵，向着更好、更高处生长。老善就是这样一位启蒙老师，他挖掘我们的美，给我们机会往上生长往高处攀登，为求知的学生寻找进一步去改变命运、去开拓视野的机遇，也让我在前行路上静心专注地做人处世，努力冲出坎壈，不卑不亢地追逐那个更加美好的真实的自己……

写到这，再次回想起老善的背影，心中满是温情。

唯念师恩

钟婷 二等奖，2016年秋高三（19）班

指导教师：李晓辉

  目光触及桌面上的毕业照，思念凝成手中的笔，细细刻画出你的模样。回忆像是心底一片潮湿的原野，随便一脚踩下去都蓄满了泪水。关于学校、关于你的记忆从远方向我赶来，带着一路风尘，跨越匆匆流年，抵达我的面前。

  我想起你为我们解题时，眉宇间的不苟；我想起我们缠着你放电影时，你的故作为难；我想起我们晨跑，你悠闲地站在一旁谈笑时的模样；我想起你穿着粉红色的上衣，脸上有着可爱的笑容……

  初三那年的周末，我们基本上都是伴着学校的起床铃声开始的，有时候早上睁开眼，看着头上的天花板，还要摸摸背后硬硬的床板才能确定我依旧在学校奋斗的事实。

  那时候我们班作为学校唯一的尖子班，总是受到很多关照，比如全校唯一的多媒体教室被我们班长期霸占，比如我们的化学老师是校长，地理老师是副校长，再比如我们班占据了一个楼层，其他的教室都是我们的娱乐场所，我们出色的成绩被人羡慕着，可又有谁看到皇冠之下我们羸弱的身躯？科任老师一边心疼着一边发着一张又一张的习题。

  只有你，你说假期要好好玩，说了没作业就一定不发；只有你，嫌我们死读书把多媒体当成影院给我们放电影；只有你，给各科科任老师做工作，为我们的作业减量。为我们，你真是操透了心。

  你常称我们为土匪，我们不是土匪，倒像是小偷，偷走了你本该毫无保留给你的孩子的疼爱，偷走了你本该在床上呼呼大睡的时间。耳边，又响起了你沉重的脚步声。抬头，你圆圆的脸上乌黑的眼圈使你像极了一只憨憨的熊猫，你旧旧的黑框眼镜也遮不住眼底的疲倦。我们笑你朝熊猫的路上更近了一步，你苦涩地笑笑："熊猫可是国宝，我呀，就是你们的仆人。"不，老师，你是我们的英雄，带领我们一路披荆斩棘，带领我们在学海中沉浮。

　　班上的同学大都是住校生，于是你承担起爹妈的角色。说真的，有时唠唠叨叨的你，总能给我们家的温暖。

　　那时候学校食堂的饭菜被我们称为"黑暗料理"。平时的菜虽然难吃但至少看得下去，可那个周末早晨，看到那个装早餐的大铁桶里那团糊得难以辨别粉面的东西时，我甚至觉得我一定身处噩梦之中。耳边传来此起彼伏的叹息声，那一刻真是委屈极了。而你的身影突然出现在楼梯口，你看着我们气愤地拿着空空的餐盒往回走，还有几个在一旁骂骂咧咧地倒着早餐，又看了看铁桶里的早餐，皱了皱眉，转身走出了食堂。你不曾回头，也不曾看见我们眼底的失落。

　　深秋的早晨，空气里弥漫着厚厚的雾，空气浓稠得辨不出远处的影子，一点微弱的光亮慢慢移动到视线可及的范围，我看到你穿着那件不知"芳龄几何"的黑色外套，骑着电动车向多媒体教室驶来，手肘那儿已经开裂了，露出里面白白的棉花。等你走近，才看见你短短的头发上沾满了雾水。

　　你提着两个袋子走进教室，你走得有些急，连一只口袋外翻都没有察觉，可这一次我们谁都没有笑你，你这狼狈的样子实在是惊到了我们，我们就这么呆呆看着你把袋子放在桌上，小心地摊开，露出了白白的包子。你说："快来拿呀，今天的早餐太不像话了，别饿着了。"可是没有人动。你急了："你们平常不是跟个土匪一样呀？今天怎么个个这么矜持？怎么，嫌弃呀？"

　　终于有人上去了，然后一个接着一个，袋子快见底时，你开玩笑地说："请不起你们吃更好的，以后要换你们请我吃好的。"瞧！你总有能力让我们湿了眼眶，教室里很静，我只听到了小小的咀嚼声和低低的抽噎声，平日里说穷

的你，却是对我们如此慷慨。一种名为感动的情绪在空中蔓延，在这个微冷的深秋早晨指尖传来的温度，一直暖到了心底。

我们是终将高飞的鸟，离开你这棵大树去追寻自己的蓝天。初三那年，很累也很快乐，因为有你和那群可爱的科任老师。相机"咔嚓"一声，把我们都框进了一张小小的相片，相片中你笑得很开心。可是呀，不久，我便看见你忍泪的模样，不舍如野蔓疯长。

快毕业时，我们常开玩笑说，毕业那一天定会哭得天昏地暗。可那天来得太过突然，连眼泪都来不及储备。教学楼前我们听着校长公式化的发言，可即使这么严肃的稿子也不禁让我感伤。回到班上，你胖胖的身子站在讲台上，如从前那样唠叨，我们默契地没有打断，认真地听着，这样的日子我们都明白再不会有了。

你说："你们这群土匪终于要走了，我可以睡个好觉了。"

你说："以后要为自己也为我争口气，别给我丢人。"

你说："就算以后混得很惨，同学聚会也不能缺席。"

你说着说着就红了眼眶，最后你说："回吧。"我们就各自散去。真正转身走的那一刻，我还是用手拭了下眼角，我不知道你有没有落泪，我只知道好多人都哭惨了。有人去向你道别，我却没有勇气转身。

陪了你多年的黑框眼镜你终于换了个新的，我们走后，你还要挑起下一届的担子。你的留言板上留满了我们对你的心疼，"别熬夜了""好想你"的话占满了屏幕，我们知道你撇不开那担子，所以才更加心疼。

初三那年，因为有你，我们没有辜负那段时光；因为那段时光，我们将你藏于心底。我们离你越来越远，记忆却始终紧紧相随。亲爱的老师，时光易老，韶华易逝，唯念君恩。

有朋自远方来

张鸿轶（江珩） 二等奖，2016年秋高三(20)班

指导教师：康金平

光线闯过防盗窗一声不响地东跑西蹿，最终在我面前的试卷上投下规则的虎皮斑纹。树木遭受阳光烧灼的特有气味侵占了空气的罅隙，它与阻碍思考的蝉鸣和笔落于纸上的沙沙声混杂在一起构成了高三夏日令人窒息的憋闷。

我刚将脑海中无限的想象转换成诗歌鉴赏的答题模板，中规中矩而味同嚼蜡。我感到无可抑制的疲惫直到扫过《孰师老汪》，此刻取代沮丧的是一种不得不写的渴望。

"……老汪说高兴个啥呀，恰恰是圣人伤了心……恰恰是身边没朋友，才把这个远道而来的人当朋友呢……"

"没想到老汪潸然泪下：'啥叫有朋自远方来？这就叫有朋自远方来。'"

反复读过，不免唏嘘，于是我收起试卷展开稿纸，仓促写下我的友人兼恩师高先生，只为一吐积郁与憋闷。

我闭上眼睛潜入记忆之洋寻觅高先生的形象。高先生在我的印象中长久地坐在狭小的办公室内，阳光勉强钻入阴凉的角落，细小的灰尘沾染了光，泛着金色狂舞。高先生坐在弹簧椅上，每每移动，那些弹簧便像欲破土而出的野草跃跃欲试。桌上总是堆放着晦涩难懂的书籍，而他的目光透过瓶底般的镜片凝在手中的书上。高先生将右腿搭在左膝上歪斜地坐着，如同歪倒的老松，他右脚上旧得辨不清颜色的皮鞋上下轻晃，在听到我对于某些书籍的见解后，那灵动的鞋尖倏忽停止，先生机警的黑眼睛向上一翻，流露出专注的神情，随后

说出许多绝妙的看法来。

说高先生是远道之人不很准确,虽然高先生籍贯不明,但他言语之中仍残存着乡音的烙印。我与高先生相识只短短两年,但我与高先生是难得的知音,即便如此,我对高先生的经历也是一无所知,他似乎有意避免提及往事,我只知他资历老,至于为何无一官半职,也是语焉不详。

高先生并不姓高,他不愿被完整记录,只愿被人记住大致模样,每想起他,我就联想到:"云山苍苍,江水泱泱。先生之风,山高水长""高山仰止,景行行止"。鄙人姓江,取高山流水之意,姑且让先生姓一回高吧!

我成为高先生的门生是在初二的夏日,那时蝉鸣不像今日聒噪,周遭的空气也不似现时憋闷。当时我坐在讲台对面,是老师重点"关照"的对象,因倨傲被老师们视为需要隔离的异类,但我仍期待着一位伯乐能够发现我这异类实为千里马。

一个干瘦的老头迈上了讲台,一身着黑,黑发稀疏且杂乱,厚酒瓶底,淡青色的胡碴,声音如同马嘶。我失望了,这哪里是伯乐,分明是一匹驽马!

老头空手进来便开讲《桃花源记》,我早背得滚瓜烂熟,连书都不愿拿出来,沉浸在赫尔曼·黑塞的《玻璃球游戏》中,没想到老头在课上到一半时用指节叩我的桌角,说:"来翻译全文。"

我合上小说站起身来清晰地结合注释与自己的理解一一详译,他一边听一边赞赏似的点头,译到"男女衣着,悉如外人"一句时,他的眉头猛地一拧,但忧虑的表情转瞬即逝,他发出一声微不可闻的叹息示意我坐下,转身在黑板上写下"外人"。

难道我译错了?我慌乱地从桌膛内扯出课本核对,书上说法与我说的并无二致,外人即外面的人。

老头慢悠悠地发问:"'外人'出现过两次,这两次意思一样吗?"

我对此从未深究,于是重新浏览全文试图厘清思绪,此时,后面传来同学理直气壮的叫喊:"书上说是一样的。"

老头的喉咙里发出近似冷笑的声音，他喉结上下滚动："尽信书不如无书。"他朝讲台下掷了一道凌厉的目光，那是怎样的目光啊！既是嘲讽又是骄傲，是麦克白的目光，是当麦克达夫要求这位不可战胜的英雄投降时麦克白的目光，既有责备又有失望，刹那后他的目光又柔和下来，他似乎发觉自己面对的不是学者而是等待教导的学生，不应苛求，于是他温和地说："角度，两个词的角度不同。你们抛开注释去理解原文，第一个'外人'是对于渔夫而言的，男女穿衣风格像外来的人，而不是指桃源以外的人；第二个则相对村中人而言，是指外面的人。"

老头在我心里不再是不修边幅的农夫，而更像是智者，以后的语文课，我都聚精会神以免错过他的精彩论述。

下课后，老师请我去办公室"喝茶"，我低垂着脑袋等待着他的训斥，没想到的是他只是问我："你看的是什么书？"

我并不认为他会听过这部反乌托邦小说，但我还是答道："《玻璃球游戏》赫尔曼·黑塞。"

他身体前倾手肘撑在膝头，手指不停地敲击着光洁的额头像是敦促自己思考。他忽然露出了然的笑容："'我辈芸芸众生，都只是平常人，在人世间都只是一次尝试而已，而每个人即便仅仅处于中途，他也应该努力达到中心，不是只在边缘打转。'对吗？"

我难抑心中激动点了点头，我发现了同类像是对上暗号结成了隐秘的同盟，像是钟子期与伯牙，王子猷与桓子野，嵇康与阮籍，知音也！

他眼中充斥着活力，我猜测他也为觅得我这样独特的学生而喜悦，他朝我抛出一个个问题，听完我的回答就拍抚膝盖附议或纠正，这像是一场考试，测试我能否成为他的入室弟子。

长谈过后我正准备离开，听见他满意地嘟囔："孺子可教也。"自此，我便唤老头为高先生。

自那以后，高先生与我亦师亦友，课上唇枪舌剑，课后抵掌而谈。如果

说我身上沾染了一星半点的学者气息，必须感谢高先生，他让一个自以为是的年轻人第一次接受了学者的熏陶。

高先生在课堂上为我上的最后一课是《出师表》，先生开口便玩了个文字游戏："出师，你们今日也要出师了。"应者寥寥，失去如此博学的老师，同学大都难过，先生又正色道："出师，又指出兵打仗，你们征战在即，怎可唉声叹气？"然后选我起来背诵。

我认为《出师表》是权臣狂妄又故作谦辞，为的是告诫幼主守住自己与先帝及一众将领戎马一生夺来的江山，又有"羽扇纶巾，谈笑间，樯橹灰飞烟灭"的国士无双的骄傲，故背诵之时自有一种骄傲，仿佛天下运于掌。

高先生摇了摇头面色古怪，双手往后一背，自顾自诵读《出师表》，抑扬顿挫字字含悲，意境全然与我相背，随后先生便转身出了教室，留下一众惊愕的学生。

我冲进办公室时高先生正坐在椅子上露出疲态，我刚想出言解释他就示意我噤声。"你还不明白，你还有很多东西要学。"他迟缓地说出这模棱两可的话，"我还有很多东西没教你，可有的东西，教不得……"

"我会学的！"我信誓旦旦。

话虽如此，步入初三，时间总不够用，我与先生的长谈只寥寥几次。

换了语文老师后，我引以为傲的作文在古板的老太太笔下沦为次品。

我带着再次被批为中档的作文愤愤不平去寻先生。高先生仔细翻阅后并未就文章作出评价或是安慰我，而是问："你读过《典论·论文》没有？"

我默念这个陌生的名字承认并未读过。

于是高先生沉吟章句："文人相轻，自古而然……夫人善于自见，而文非一体，鲜能备善，是以各以所长，相轻所短……斯不自见其患也。"

"但我不觉她是文人。只要有题记、小标题、后记即判为佳作，这不是八股文吗？"

"那就按你想的写，不错。"高先生眼中尽是自豪，忽地，一阵阴翳掩盖了光亮，他像是从喉咙中挤出一句话："你骄傲、坚定，但不全是好事，你不得不妥协。"

"我不想，我宁可得低分也不愿写拙劣的作品。"

"你太理想主义了，没有人是一座孤岛可以自全，长此以往你就像待在一块荒无人迹广袤无垠的开阔地，漫无目的和无人认可的孤独感将烤灼着你，你需要妥协，你不得不这么做。"

"一个与人妥协的人就像被拔线机牵住了手指的人一样，缠住手指之后，整个手、胳膊乃至全身都被卷入机器中，而出来时则变成铁丝。我不愿变成破铜烂铁，我不愿意。"

"你会吃亏的。"高先生仿佛一个高明的预言家，一语成谶结束了这次交谈。

此后我总有意无意躲避高先生，我们之间奇异的僵局一直持续到中考结束。

临近开学我因故返校，办完事后心存侥幸般地路过高先生的办公室想与恩师道别，高先生仍窝在那张旧椅上读书，我望着先生斜坐的身形，我想，先生可能也曾像比萨斜塔般歪长，只是想对桀骜歪长的门生提出建议。

高先生忽地抬起头，发现了门口的我，他喊了我的名字，"你来。"他朝我招了招手。我带着莫名的羞怯走进了办公室，他拿出一幅字递给我，讷讷地说："《出师表》你拿好。你骄傲，这很好，坚持下去，但小心，不要吃亏。"

我难以想象这个曾妙语连珠的学者最后留给我的话竟像是祖父朴实的叮嘱，我张了张口，只说了一声："先生。"他却坐回弹簧椅上，任凭阳光在他脸上投下虎皮斑纹，挥手道："去吧！"

我将《出师表》悬于壁上，每有困惑便望向它，那小楷似采纳众人之长又带有独自气韵，妥协似乎是件好事。先生曾说，一幅字每日宜写七八字，日积月累终成作品，且每日磨墨色调相同，落笔又需一以贯之的气韵。先生对我的慈爱，由此可见。

一日无意间重读《出师表》只觉是慈父临行前对少不更事的幼子悉心叮咛。羽扇纶巾的是青年豪杰周公瑾，而孔明则是开济两朝的老臣，何来狂放之言！呜呼，高先生抑扬顿挫的诵读又在我耳侧响起，我始明先生苦心。过得越久我越明白先生的意思，确实，我不得不妥协，我不过是平常人，我辈芸芸众生无非在挣扎中生存，竭尽全力从边缘趋向中心。我不再追求简单的"泾渭分明"而是尝试妥协，在人世间唯一的尝试中努力达到中心。

我读过许多的书，行过很多的路，跌过无数次跤，却只在人格塑造之初得到了一位真正学者的关怀。

何为高山流水遇知音？何为有朋自远方来？如此而已！

先生呵，我还有许多东西要学。

愿有朝一日我再访先生时拱手作揖："有朋自远方来！"

清风徐徐

陈鹏　三等奖，2016年秋高一（18）班

指导教师：刘文华

青山清目，流水静心。平淡之爱，沁人心脾。

苍鹰展翅飞翔，但它不会忘记，天空给了它自由的怀抱；花朵争相开放，但它不会忘记，大地给了它厚实的肩膀；鱼儿自在遨游，但它不会忘记，流水给了它温暖的胸膛。而我，虽身处远方，却依旧不会忘记那些我生命中最难忘的人，其中便有那个始终微笑着的可爱的"徐清风"。

很长一段时间里，闲来无事时，我总是喜欢回到我的母校，坐在空旷的操场上，清晨的风带着些许凉意，拂去我内心的聒噪。而记忆中与"徐清风"在一起的往昔，一如昨日般清晰，那些美丽的画面，将我带回了过去……

那时的我坐在躁动不安的教室里，出神地望着窗外，只听得教室外一阵轻快的脚步声，闻声望去，一位高瘦的青年男子轻盈地转过门边，箭步如飞，光芒四射，一开口便说："清风徐徐来……"而后又不由自主地笑起来。那铃铛般的笑声飘入我耳中，不免引起了我的注意，我想一个大男人怎会有这般可爱的笑声。那时的我并不知道，那可爱笑声所传递的乐观、豁达将会陪伴我一生。

自那以后，我知道了他姓徐，担任班主任兼数学老师。而第一次听他的数学课，才发现以前的教学是多么枯燥。

"徐清风"每次上课之前第一句便是"清风徐徐来……"，以至于后来我们都抢在他说之前争先恐后替他讲完，并私底下给他取了个绰号——徐清

风。"徐清风"每天讲课的内容都是提前安排好的,每次都刚好剩下10分钟。那10分钟他便以教学内容已讲完为由来跟我们谈天说地。后来,每当还剩下十二三分钟时,就有同学"提醒"老师,他就笑着说:"好,好,容我徐徐讲完。"而那10分钟也是我们最期待、最活跃的时候。而我记忆中最深刻的就是他给我们讲故事的时候。他并不是纯粹地讲故事,每次他都会总结其中蕴含的道理或指引我们前进的方向。以《驯兔记》为例,一如从前,在他讲完故事后,他点评道:"这篇文章显然是《变形记》的某种翻版,却又更加可爱,给孩子们带来快乐。"等我们议论完后,他便借此来教导我们,他说:"我也正如故事中的徐老师那样,希望你们能成为好学生。但我又不想看到你们如皮皮鲁那样变得担惊受怕,我希望你们能在学习中寻找快乐,变得乐观,当然,你们是不会变成兔子的。"他刚说完,我们便哄堂大笑,教室里充满了轻快、幸福的味道。而他所说的乐观,也深深地刻在我脑海中,在我未来的生活中,披荆斩棘。

很久以后,我问他为什么每次都要故意留下10分钟来,他微笑着回答道:"我留下10分钟来,是因为我知道你们会认为数学很枯燥、乏味,我这样做,你们才会有所期待,才能更加投入到我的教学内容中,更何况,这样还可锻炼你们的思维。一举多得,何乐而不为?"这便是"徐清风"过人之处,他知道我们内心的想法,又不强制改变它,而是用一种特殊的方法去化解它。而我也在其潜移默化之下爱上了数学,锻炼了自己的思维。也正是因这种美妙的方法,让我每每想起,就如同回到往昔般,坐在教室里开怀大笑,温暖而又幸福。

记忆之中,难忘的除了他的教学便是他教我的坚持。记得那次我们上体育课时进行1000米测试,而"徐清风"闲来无事竟靠在墙上,笑着看我们跑。因他在场,我十分激动,一开始便加速向前冲去,同学们一个个都向后离去。我看着微笑的"徐清风",他那如往常般的笑也难以掩饰内心的兴奋,透露赞赏的神情。我更加卖力地向前跑,竟然忘记了控制速度。渐渐地,调皮的风开始嬉闹起来，阻挡我向前的步伐，不知情的阳光也强行将乌云撕裂开来，让我汗流浃背。这时的我还在重复着，一圈又一圈，同学们不知何时赶了上来，我也不敢再看"徐清风"。我大口地喘气，企图吸取到更多的氧气，如一只脱水的鱼儿。喉咙口传来阵阵血腥味，汗水顺着皮肤的沟壑流了下来，脚无力地抬起，放下。心中一阵挫败，虽有不甘却又无可奈何，我想我就这样失败了……

这时，一阵清凉将我包围。抬头，是他的双眼，那双眼睛充满了炙热的光，那光透着坚毅与顽强，穿透我的身体，让我那颗颤抖的心安宁下来。"徐清风"，他，与我同跑，用自己的身躯替我驱逐那捣蛋的风与光。而耳际传来他坚定的话语——"人行走在大地上，凭的是两只脚，而其中责任在于坚持。当前途渺茫时，回头看看你为自己努力的路，看看那些承载着你的泪水和汗水的脚印。你在路上，你已经成功了！……"自那以后，每当我遭遇困苦想要放弃时，脑海中总是会浮现出他奔跑在我前头的背影，似清风般包围我，促我前进，促我成长。

后记：

此时的我，想起"徐春风"，幸福之余又不免感到感伤。离别的那天我们说了再见便真的再也不曾相见了。如今，想起的也就是他和蔼的笑和那句"清风徐徐来"了。而我就像一只候鸟，命中注定要不停地拍打翅膀，越过高山和海洋，在徐徐清风中，永怀希望，去寻找心中的那片绿地……

爱在左，回忆在右，走在生命两旁，随时开花，将一径长途点缀得花香弥漫，使穿枝拂叶的人，踏着荆棘也不觉痛苦，有泪可落，却不悲凉。

岁月的童话·忆恩师篇

朱雨然　三等奖，2016年秋高二（21）班

指导教师：江雪

关于岁月的童话／春／夏／秋／冬／搁浅在记忆里／冰封着过去／温暖着未来。

——《岁月的童话》

窗外黄叶翩然落下，桌上的日历已翻入9月。

又到秋天——一个令人回忆和思念的季节！岁月如歌，老师，你我未见，也已六年之久⋯⋯

【二〇〇九年·秋——岁月静好，偶遇恩师】

记得老师你初入我们四（3）班时，刚分完班的我们却都默契地笑了，如一屋的雀子般嘀咕着"是小卖部的爷爷"。

那时你爱人在校门口开了家小卖部，记忆中每天放学后你便搬张小板凳坐在门口，迎接一群又一群抹着鼻涕喊你"爷爷"的小破孩。我们每天从你身旁走过，从你手中接过零食，每个人都记得你笑的模样。

你笑着等我们安静下来，矍铄的眼神像粒蚕豆花盛开在我的记忆里。你在黑板上写下你的名字——黎功文。你说，你已经54岁了，只教我们一年就要退休了。你的声音温柔而亲切，像我当年同样54岁的爷爷。

所有人都喜欢上你的课。我与几个小学同学，如今忆及你讲课的场景，仍觉得很温暖很享受，如同听自己的祖辈讲述光阴的故事、岁月的童话。

记得你讲老舍先生的《母鸡》，讲至母鸡下蛋的场景，你便扯着尖嗓子学了起来，"咯咯嗒咯咯嗒，下蛋啦下蛋啦！"大家都笑了起来，于是语文课成了动物模仿秀；讲刘章先生的《搭石》，你在讲台周围用粉笔画了一条小河，几块搭石，叫上几个同学一同挽了裤脚跳了过去，那一刻，我们似乎都忘了你的年纪；讲叶圣陶先生的《爬山虎的脚》前，你费大力气说服了一户人家允许你去他们院子里弄一枝爬山虎的藤。我想你一定花了不少时间，那些顽固的吸盘竟毫发无损，让我们最切实地了解到了这种植物……

那时规定中午在校午休，有时你上下午的课，我们一醒来便能看见你穿着黑色夹克的微胖身影，蓝色的讲桌上摊着你那本很厚的讲义，有时一抬头，对上你满是慈爱的目光，整个下午便都是美好的，现在想来依旧感动不已。

只不过，那时的我，成绩不够优异，喜欢捣乱、欺负同学云云，因而几乎所有的老师见到我便想摇头。

唯独你对我不一样。

我曾带头给你取了"米老头"的绰号，偶然被你听见，你向我走来，我心中一阵惊慌，生怕被你责骂。谁曾想，你只是笑着拍拍我的肩说："我很喜欢这个绰号，不过我更喜欢你喊我老师！"我有些羞惭，也不由得感动。你耐心地教导我，鼓励我，甚至额外帮我补习。再后来，我没有再拖欠过你的作业，因为我不希望你再为我一个不听话的孩子伤心。

我的童年曾是首忧郁的诗，你的出现让它开始明媚。我感激遇到你的那一天，安谧得时光都静止，轻柔得岁月都无声。谢谢你，出现在我人生最美好的年华里。

【二〇〇九年·冬——寒冬已至，更等暖春】

天气越来越冷了！

一场手足口病在这个寒冷的季节迅速袭卷整座城市。全城人心惶惶，每天都有消息说哪里哪里又有人死于此病。在某些诊所，体温计价格已翻了10

倍。学校开始规定每天必须先量好体温再上课。那天正好你上第一节，你便在我们身边走来走去，帮我们看体温计。轮到我时，你眯起眼看清，确定只有我一人发烧后，慌忙提了我的书包带我去附近诊所。你牵着我，焦急地问我哪里不舒服。之前并不觉得，你一问，我突然有些害怕，脚底踏着棉花似的打飘。小孩子的脾气一旦上来便要哭得一塌糊涂，你怎么劝也没劝住。到了诊所我挣断了一支体温计，你赔了钱，把我安置好，便开始絮絮地说"晚上不要踢被子会着凉的啊""小孩子不要老吃糖要长虫牙上火的，你扁桃体都肿成荷包蛋了"之类，我听着昏昏地睡了，醒来你已经去上课了。后来奶奶说："你们老师真是好，也不怕你真得那病给传染了。"

病好后不久，奶奶去给我开家长会，回来高兴地说她遇见了你，你与她握了手，并告诉她"你的孙女很好哇，将来一定会更好的"。

时至今日，我纵身题海，泯然众人，也清楚地记得这话，努力昂起骄傲的头颅，让自己变得更好！

英国诗人雪莱说，冬天来了，春天还会远吗？

我只看到那岁月如何奔驰，挨过了冬天，便迎来了春天。谢谢你，陪我迎接春天。

【二〇一〇年·春——年少如诗，静谧花开】

春天，你喜欢在小卖部的长桌上放几个盛清水的塑料瓶，插上几枝修剪得恰到好处的杜鹃，整间屋子因了这也明亮几分。

我总不明白你为什么要喜欢这如此平凡的花，后来你告诉我，这花，偏挑这贫瘠的酸性土，遇上好地方，能长成参天花树，花开时节，东南风一吹便是一大片，成为整片红土地上最灿烂的景色！

你说，也许，我也是其中的一枝。你要用最后的职业生涯，将我培养成如高黎贡山中那样的巨大花树……

记得你喜欢看书，时常将你喜欢的书籍带给我看，一点点丰富了我的学识。4月里，你将我一篇近五百字的作文抄在了黑板上，用一节课的时间仔细剖析、讲解，并在最后带着全班为我鼓掌——这大概是我除蹒跚学步时期以外第一次听见这么多人为我鼓掌，于岁月而言，更像一个烙印，不可抹去。后来你布置了一篇童话故事的续写，我那篇天马行空，今天看来乱七八糟的作文你打了98分，那是很高很高的分数啊！而除开密密的红笔批注你还写了八个小字——"想象丰富，非常不错！"

正是这八个字，空前提升了我的写作热情。之后很长一段时间，我甚至抱着一种献身文学的冲动。再后来，我参加了很多作文比赛，始终不忘初心，揣着你对我的每一句谆谆教导，在前行的路上收获了很多荣誉。

也经常想起你。

【二〇一〇年·夏——雨漾仲夏，离别心觞】

在这个充斥着雨水和某些咸腥气味的季节里，我总算没有辜负你的期望，冲进了年级前十。

暑假第一天下了小雨，我去县图书馆还书，经过你爱人的小卖部，看见了正弓着背整理货物的你。我走近，大声叫了"老师好"。你略显笨拙地转过身，看是我很高兴，忙用手背拭了额上的汗。而我意外地看见你头顶的黑发竟开始被这么多年的风霜吞蚀着。但你仍旧笑着拍拍我的肩，说："我拜托了校长给你们找个好老师，我要退休了。你们一定听话，小孩子不要光顾玩，尤其你，要坚持写作，你是有天赋的……"

【二〇一六年·秋——岁月悠长，师恩难忘】

老师，关于你的记忆，我想就是人生之中忽然遇见的一颗流星，我迫不及待地许愿，不舍地看它走远，消失，显然就这么几秒，但这辈子也忘不了。对任何人而言，这类在内心深处引发丰富情感和震撼的记忆，不但不会随着时间的流逝而淡化，反而历久弥新，永不磨灭。

记忆这东西，比时光更坚强，它让我穿过漫长的岁月，清楚地看见岁月里稚嫩的我和高擎着粉笔的你，如此美好，像童话一样。

岁月铺纸挥毫成就一个又一个童话，在记忆深处播洒芬芳，而你携我度过的那段春夏秋冬成了其中最灿烂的篇章。如今，成长起来的我坐在时光的角落里，翻阅一篇属于你我的岁月的童话，回忆你的每个眼神每句话，浅笑，流泪……

六年时光打马而过，你始终是我最亲切的怀恋。我永远铭记和感激那一年的如歌四季，你在我的世界里埋下爱的种子，让美好的童话在我人生中继续……

你好，米伽罗

欧阳国　三等奖，2016年秋高二（16）班
指导教师：刘红梅

米伽罗是一头座头鲸，游弋于澳大利亚东部海湾，全身纯白，遇到它的人都说看到了天使。

每个人都希望生命旅途中遇到一头米伽罗，在茫茫大海中它仿佛是擎着的白色火炬，指引我们走向梦中的远方。但大部分时间它潜游在大海深处，每一次相遇都转瞬即逝。有些人为了寻找它穷尽一生。我很幸运，在我生命的旅程刚刚开始时，就碰到了我的米伽罗。

我在乡下小学读一年级，学校在村口的大樟树旁。樟树一年四季长青不衰，树下一年四季笑声朗朗。我就在这里遇见了曾老师。他很年轻，性情温和，像是大城市里出来的五好青年，笑起来眉眼弯弯梨涡浅浅，两只尖尖的小虎牙闪闪发光。

当时学校的条件并不怎么好。教室是三间连在一起的矮房，虽盖了青色的瓦顶，但一遇上刮风下雨就会渗水、漏水；课桌、凳子清一色是乌黑乌黑的，散发着阵阵霉味；黑板的表面则坑坑洼洼的像是月球表面凹凸不平的陨石坑。应该说那时的物质条件是很差的，但是当时的我心很小，所以觉得很幸福。

幸福的原因有很多。比如学校在教室前栽了四棵粗壮的白杨，白杨树的叶子四季变幻，我们在树下边跳边笑。最大的梦想是折一只飞机，能穿过重重枝丫，从这头飞往那头。

又比如花圃里栽着不知名的花，花蕊深处有甘甜的花蜜。我们比蜜蜂还勤恳地把花朵摘下，吮吸其中的甘甜……

曾老师也不觉得条件差，记忆中他总是笑着。笑着在三尺讲台上激扬文字，笑着批评我们不思进取，笑着给我们讲"八荣八耻记心中"，还有，笑着带我们晒太阳。

早春时节，乡下却依旧天寒地冻。同学们手脸通红，在四处漏风的教室里戴着帽子上课。忽然不知怎么云开雾散，金色的流光倾泻而下，我听到"沙沙"的响声，是阳光争相打在窗格上的声音。曾老师粉笔一丢，大手一挥，说："走，晒太阳。"

教室的南面是一个背风向阳的好地方，那里有一条水泥铺就的、仅容一人通行的小道。我们二十几人排成一排坐下，脚底悬空，下面是从山涧流来的溪水。

曾老师在我左手边，同我们一样坐在对他来说略显逼仄的小道上。冬日的暖阳使他舒服地眯上了眼睛，顾不得手上还没来得及洗净的粉笔灰，他合拢双手呼出一口长长的热气。阳光照在他的脸上，每一根汗毛都闪着微光。似是突然想起久未修剪的头发，他将其朝上捋了捋，便以开玩笑的口吻对同学们说："我是不是很帅？"

同学们忍不住笑了起来，一笑便东倒西歪挤作一团，寒风远去，小小的世界里春暖花开。

"慢慢晒，暖和了再回去上课。"他一边摸着身边孩子的头一边说。

"老师，山后面是城市吗？"被摸头的孩子问。他的目光定格在远处，那里阳光更为炽盛耀眼，给群山镀上一层金边。

"是啊，是大城市。"老师的目光也飘向远处，"那里有许多和你们一样大的孩子。"

"那城市后面呢？"孩子追问。

"是海，很大很大的海，海包围着山。"

"那……"

这像是画家笔下才会出现的画面：简陋的乡村小学中，年轻教师带着他的学生在墙边享受难得的阳光。近处是小溪、农田，远处是山和村庄，蜿蜒的公路延伸至目光尽头，那里栖息着憧憬和希望。

犹记得曾老师给我们讲《登鹳雀楼》的时候，是在一个阴沉昏暗的下午。我坐在最后一排，因为搞不懂诗的意思而昏昏欲睡。其间我曾看着诗旁配的画入神，画中的人站在悬崖边筑起的楼台上极目远眺，远处千山万壑白雾蒙蒙。我心想就算他登得再高又有什么用呢，雾这么大，何处才是他想望见的远方呢？

这时我不经意抬头，恰好发现老师也正在看我。他说："这句诗的意思是要想看见更远的地方，就必须站得更高。就比如你想看到更美的世界，就必须学到更多知识。"

这时他眼睛里闪着奇异的光，那光仿佛穿过时空看到了站得更高看得更远的我们。我当时不懂那眼神里包含的意思，但现在懂了——那是期待。像期待春天的到来，期待花朵的盛开，期待他的学生一个个飞出山野，变成栋梁之材。不知怎么，我一个激灵睡意全无，脑海中飞快闪过一些纷杂的画面。这时我做了一个大胆的决定，趁老师回头在黑板上写字的时候，我拿出一只折好的飞机，从后门飞了出去。看到它歪歪扭扭地穿过稀疏的枝丫，穿过一棵棵白杨，最终被风裹挟着，飞向了辽远的天际。

就像生活在大海里的米伽罗是每一个人生命里的匆匆过客，曾老师只教了我一年就调走了，但他带给我的快乐和感动却沉淀在记忆深处熠熠闪光。我清晰地记得那天在冬日的阳光下，他摸着我的头向我描绘了一个诗意的远方，于是不经意间在幼小的心灵里播下了一颗种子。那一刻山外面的世界仿佛遥不可及，我爬上了附近最高的山望见的却是更多的山。我问自己："哪里是我要去的远方呢？"幸亏曾老师的及时提醒，让我明白知识才是载我通向未来的翅膀。我想以后无论我走得多远，都忘不了他这一句话。偶尔反复咀嚼，便觉得

他又在我面前,嘴角含笑眸光灿烂,是他在我记忆深处的模样。

每个人都希望遇见米伽罗,它是灯塔,是港湾,是梦想,是希望,是诗人反复吟咏呼唤的远方,是神国派来开启天堂之路的天使。我那么幸运,遇见了你。

捡拾起散落在时空中的吉光片羽,有梦想与远方,也有感恩与怀念。

亲爱的米伽罗,好久不见,甚是想念。

轻的人生，淡的幸福

刘晓炜　三等奖，2016年秋高二（9）班
指导老师：余东东

一个安谧的午后，我看见不远处有位父亲正和他女儿牵着手走在一起，父亲步履稳健，女儿荡着父亲的手雀跃地边走边跳，这样平淡温馨的画面我曾听谁描绘过，这个人，就是教我小学五年级的陈老师。正是他，让我感觉这天的夕阳万分美好。

陈老师教语文，是我们的班主任，当其他的老师都对我们提出了明确的目标时，他却没有提多少要求，只是说："你们啊，要多看点书，培养对语文的兴趣。"别的老师问起时，他也只是淡笑着答道："语文啊，催不得，催不得，语文是慢下来的学问。"

陈老师严谨认真，一丝不苟，然而，有三节课陈老师是没有上完的。

第一节课是因为一个字。陈老师的字不管是写在书本上，还是写在黑板上，都很漂亮。有一次他在黑板上无意中写到一个"心"字，写得出奇的好，刚收笔，老师就愣住了，然后定睛一看，觉得好像哪里不对，又退了两步，差点从讲台边的台阶上摔下来，他回过神来，对我们感慨道："唉，人没字好啊。"那时的我们丝毫没有听出悲哀的意味，只是觉得老师是在夸自己的字好，于是都跟着哄笑起来，然而笑声过后，我们发现，老师已放下粉笔，没有再说话。

这节课于是就成了陈老师没有上完的第一节。这节课过后的第二天，老师为昨天没有上完的课向我们道歉，没有多解释什么，我们也没发现什么异样，只是后来老师每次写到"心"字，都似乎刻意加快了笔速。

陈老师没有上完的第二节课，是在一个雨天。这天的雨是在语文课刚开

始时下的,下得很轻,除此之外也没有什么特别,可陈老师听见雨滴轻轻落下,默默地走到窗边向窗外望去,一动不动地,直到下课铃声响起。他眼神微茫,那雨声仿佛触动着他的心弦。

同样地,到了第二天,陈老师再次向我们道歉,从那以后,陈老师再也没有在课上听过雨。

陈老师最后一节没有上完的课是一节数学课。当时数学老师因病请假两天,他负责安排数学的课程,陈老师没有把数学课当语文课来上,而是发了一张数学试卷给我们,我们做完之后,都觉得数学老师不在没有交的必要,可陈老师却坚持要我们交上去,到了第二天他又把看似原封未动的试卷发了回来,并把答案抄在了黑板上,待我们订正完后,他问:"有90分以上的吗?"我那次只考了86分,可看到好多同学都举起了手,我也就有了想举手的冲动,心里想着反正老师也不知道自己真实的成绩,于是一点一点地举起手来,举到一半又感觉很不自在,终于还是把手放了下来。我们都以为老师看到这么多人举手会挺开心的,然而,并不是这样,陈老师叹了口气说道:"你们啊,你们啊……"

我们不明所以地相互看着,陈老师接着说:"你们的试卷我昨晚改好了,并把名字连着分数写在了备课本上,可我并没有改到90分以上的试卷,刚才我看了一下,80分以上没有举手的同学,只有一个。"我下意识地望了陈老师一眼,发现他正用信任的眼神看着我,那种眼神我至今仍难以忘怀。

"我知道你们都希望把好的一面展现给老师看,但是啊,老师还是希望你们能够坦荡一些,你们都还小,以后的路还很长,你们会走进形形色色的人群中,多少看到社会的负面,自始至终保持一颗澄明的心是弥足珍贵的,你们都是老师的骄傲,老师希望你们无论何时都要善待自己的内心,做真实的自己……"

说完之后,陈老师缓缓离开了教室。神奇得很,平时都爱打闹的我们竟安静地上了一节自习课。这便是陈老师没有上完的最后一节课,与之前不同的是,这一次,陈老师没有向我们道歉。

临近这一学年结束的时候,我们上了一节特别活跃的语文课,这节课上,老师讲到了一篇关于幸福的文章。他提问："你们最幸福的时刻是什么样的？"那些关于幸福的种种讨论在一群小孩子的口中显得别样天真，陈老师没有否定任何人的想法，最后，有个同学突然问道："老师，那你什么时候最幸福？"陈老师笑着说："我最幸福的时候就是牵着我女儿的手的时候，最好是在黄昏的时候。"

后来我从别的老师口中了解到，原来陈老师是离过婚的，至于为什么离婚，很少有人知道，关系好的同事问他："老陈，你人这么好怎么还离过婚呢？"他从容而又无奈地笑了笑，道："人不好，人还没字好啊。"又问起他以前的妻子，从不说别人坏话的他也只是简单地说："比我好，比我能挣。"陈老师从前教初中，离婚之后改教小学，人们都不理解他为什么要这样，他曾解释说："小学生多些稚气，这份稚气倒让我心里平静。"有了这样的经历，陈老师多了一个特别的爱好，就是听雨，听雨似乎可以排遣他所有的寂寞，这其中的缘由，就未曾有人知晓了。

在陈老师心里，每个孩子都潜藏着无限的可能，他教给我们最多的就是要做平淡真实的自己，他总是用温和的口吻讲课，他喜欢向我们讲那些深深浅浅的道理。他写的字、听的雨，总是带一点点哀凉，萦绕在我心头。

他一半快乐，一半忧伤，但他认真地走着每一步，安然地过着每一天。他的忧伤在雨中冷却，又在晴天隐藏，只要一点牵手的温暖，就足够让他感到幸福。

我渐渐长大，有时也能窥见自己内心的虚伪，每当这时我总会想起那个灯光下专心改着数学试卷的身影，想起那个信任的眼神，我试着以虔诚的心态去生活。正因如此，我从内心深处学会了良心接受与良心拒绝。

时光微凉。望着那对父女渐行渐远，我不禁想问，那过境的南风，迟来的归雁，你们是否知道他在哪里呢？他也在彼方伴着晚霞，牵着手，沉浸在点滴幸福中吗？

秋 思

李尚华　三等奖，2016年秋高三（10）班

指导老师：曾丽萍

西风乍起，篱落飘香，枝头红叶翩翩。初罢蛩音，心头却泛起一丝细语，要寄往远方正伏案的小学老师。尽管往事如流，涛声渐隐，但那温和可亲的脸庞依然清晰，谆谆恳切的言辞依旧回荡。

我打小就是个野孩子，沉不下心来看文学类的书。一行行的字在我眼中竟比一动不动的蚯蚓还显得没生气。上语文课时，不是惦记着上学途中不知来历的卖糖葫芦的老爷爷，就是憧憬着下午去爬挂满一盏盏红灯笼的柿子树。可新学期换了个语文老师，似乎一切都在悄然发生着变化。

老师蓄着中短的碎发，映衬着白净的脸，身上散发着淡淡的百合香。每堂课上，老师必给我们示范朗读一遍课文。一口流利的普通话，不夹一点乡音，总是抑扬有致，像流水般时而激越、时而平缓。每次我都不由自主地闭上眼，脑海中浮现出一幕幕真切可感的画面：瘦骨嶙峋的老班长挨冻钓来一条鱼，在哄骗队友吃完后啃着残剩的鱼骨；寄人篱下的凡卡满怀着希望一笔一画给爷爷写了封没有地址的信……我开始在老师的朗读中迷醉于一个个动人的故事，也有板有眼地模仿了起来，一排排整齐的方块字一下子变得有血有肉。

除却课本，老师还为我们打开一扇透望大千世界的窗，引领我们走进文学的大观园，畅游世界。有些片段已在时间的长河里不知去向，而有些至今还铭刻于心，如说谎鼻子会变长的皮诺曹，孤岛上的鲁宾孙和他的星期五，没有表情的木偶的忧伤……就这样，在闭塞的小镇上，老师填补着我们的好奇与无知，带我们在浩瀚的书中探觅一颗颗明星。我也越发像盼雨的农民，一头栽进书中，拜倒于汉字的魅力。小孩子的一片小小天地渐渐充满了对象牙塔外的无限遐想。

正如细雨带给鲜花的不仅是水分的滋养，还洗净了一路扑来的尘土。老师对我的影响也绝非止于知识上的启蒙，更有为人上的启迪。她常引用陶行知的话"千教万教教人求真，千学万学学做真人"来鞭策我们做一个无愧于心的真人。

忘不了那次出手抄报，当我把苦心经营的得意之作上交给老师时，老师眉间微皱，轻轻叹息，问我怎么把好端端的竹子画斜了。闷着葫芦的我小声问道："那样不是更显自然吗？"听到我的解释，老师扑哧一笑，反问道："你好好想想学校后山的那片竹林，有哪根竹子不是笔直笔直的？任它东南西北风猛烈地吹，它们还是稳稳地扎在原地。"我恍然大悟，红着脸，不知所措地站着。突然，老师若有所思，顿了顿，像个哲人嗟叹起来："你知道吗？人生在世，最难也最可贵的地方便是不管经历了多少风风雨雨的侵袭、多少棱棱角角的磨砺，都能保持着竹子一样的气节、坚韧，自始至终都向着蓝天生长……"

老师总是善于以物喻人，润物于无声，活似一位庄稼人满怀着希翼在我们纯洁无瑕的心田上播下正能量的种子。虽然年幼，无法领略太多，但"气节""责任"等词深深烙在了我的成长轨迹上。正因如此，我始终不曾丢失那份初生牛犊不怕虎似的正义感……

时间的巨轮不舍昼夜地飞转着，和老师相处的每一天都如海边拾贝，收获着点点滴滴的快乐、知识、智慧。而快乐的时光总是短暂的，一晃两年即逝，城堡中的我们浑然不觉。

期末将至，老师兴致勃发，带领全班到后山游玩。鸟鸣蝉聒的林子自然是乡下孩子的乐园。我们戏着蚂蚁，挖着"战壕"，拾着松果，还有的两脚一蹬，猴一样爬到树端。看着我们耍得如此忘我的开心，老师在一旁享受着醉翁之乐，咔嚓咔嚓照个不停，不时手里塞着我们编的简单的大头草帽，采着略有

　　涩味的野李子。暮色欲浓,老师吹哨示意我们集合,说要拍几张集体照。拍拍泥土,我们乖乖地配合着老师,席着铺满枫叶的草地围坐成半个圆圈,扬起嘴角喊着"茄子"。一切都像稻田里随风而曳的黄澄澄的谷子一样美好安然,却不想竟是离别的前奏。

　　学期总结日,久未散去的霞光把天空染得橘黄橘黄的。老师默默地在我们桌上发了那张满是笑脸的照片,而后挤着笑容哽咽着对我们说:"我——要转去高兴镇教书了,老师不在时,你们要……"不知怎的,剩下的话在我耳旁如风掠过。一想到上课时,再也听不到老师娓娓动听的带读声;流泪时,再也得不到老师如父如母的关心;胆怯时,再也看不到老师信任肯定的眼神,我的心里泛起一股难以名状的酸楚。散会后,广播上响起了本该属于毕业班的悠长离歌:长亭外,古道边,芳草碧连天……回时的路上,泪水打湿了我眼眶。

　　……

　　退去杨柳依依的眷恋,又踏上漫漫求学路,总以为默存于心底的小小感动与恩情终将尘封于记忆的匣子里,殊不知,蓦然回首,那人却在灯火阑珊处。

　　初一暑假,雨后下午,凉风习习,空气中夹着淡淡泥土味。正要找朋友野去,倏然看见一个身影,早已平静的心底顿时荡起阵阵涟漪。老师偶然转身间,四年前那张亲切的面容又映入我眼帘,光辉未曾黯淡。原来,老师来探望好友,临走时,往日的回忆总牵绊着她。随后,我们沿着青草满坡的河堤漫步,我的心情比雨后探出脑袋的鱼儿还兴奋。老师耐心地听着我吐露对未来的向往与迷茫,还鼓励我:"人的一生会碰到很多沟沟坎坎,只要一直向着阳光,影子就会躲到后面。持续的努力总会在某个路口给你惊喜的。"话题转到当年充满活力的班级和如白云般纯洁的同学时,老师像数着宝贝一样细述着我们的可爱糗事、懵懂无知、年少的横冲直撞和可贵坚强,眼角闪着的光像彩虹一样美丽动人。无情的夜蚕食着天际,临别前,老师语重心长地对我说:"你们学习任务更重了,但别忘了多抽点时间看看书,开拓开拓眼界,毕竟,书是值得一辈子珍藏的财富。"

  我知道烟花易冷，也知道看景的人早已天各一方，但看景时的温情像块奶酪，芳香永远飘逸在岁月的深处。那句句叮咛也总有一片沃土，供其生根发芽，开花结果。

  流光匆匆，红了樱桃，绿了芭蕉，又是一年秋好处。袭一衫漾漾秋风，贮望远方熹熹秋阳，我又想起了那年斑驳的课桌，那张熟悉的脸庞。

当年情

曾品华　三等奖，2016年秋高三(9)班
指导教师：余东东

总有一份难以割舍的美好回忆，总有一片无法忘怀的浩瀚天空。闪耀在眼中的星辰日月，消失在心里的光年。岁月轻捻，翻开回忆书页，我望见长河一隅，那人默然伫立，深情凝望。踏破江涛，我要握住你的手，再多听一言。

学路漫漫，良师为伴。从懵懂无知伴我到聪慧成熟，铮铮六年，感谢有你。

一

每一个懂事淡定的现在，都有一个傻而天真的过去。每一个温暖淡然的如今，都有一个悲伤而不安的曾经。

最喜欢天真烂漫的童年，毫不隐瞒，毫无保留。总会有问不尽的为什么。好奇心萌动，这个世界给我们喂下的第一颗定心丸无疑是：老师。在小学轨道初行一年，小小火车上带给我莫大欢欣的不只是知识的馥郁香气，还有教会我仁爱的李老师。

小时候我在电视上看到过果蝇眼睛的显微图片，正如解说所赞叹的：真是美极了！一日我有幸用课本拍落了一只肥大的苍蝇，便兴致勃勃地把它捻到白纸上，拿着放大镜想实体观察苍蝇眼睛，不料却目睹了"雌性果蝇的生殖全过程"。我不能自拔地看着新生幼虫在纸上挪动，没注意到瘦了一圈的苍蝇扑腾飞起，被它轻轻碰了一下额头。我想到刚才的生殖情景，瞬间肚子里翻江倒海。纵然飞快跑去洗了脸，但我被苍蝇点过的地方仍有丝丝麻麻的感觉，像有蛆虫正顶开皮肉，钻了进去。

无计可施，我抹着眼泪奔到老师办公室，大呼救命。老师们围上来询问，我哭着表明了缘由和担心，却收到老师们如释重负的笑声。面对我的困惑，与其他老师忍着笑意回一句简洁的"没事"不同，班主任李老师摸着我的头，向我讲了许多。才开学不久，老师竟然就能清楚地念出我的名字，光是这一点就予我以极大的慰藉。从昆虫的可爱讲到生命的可贵、把撞击解释成苍蝇母亲谢不伤之恩的吻，她的话语无不打动着我，像一阵和风，拂去伤痕又温暖人心。安抚末了，她还这样教我："其实你也该感谢苍蝇妈妈，它教会你要感恩，告诉你做一个母亲有多么的不容易。"我抬起头，撞见她明净如一泓秋水般的温柔眼神。

哭着跑来，笑着离去。稚嫩的曾经总是那么单纯，那么可爱。淡忘了所有不安，却仍念着往昔的每份喜悦。我至今仍记得她安慰我时的温和笑容，那样的笑容足以照亮秋季最阴郁悲伤的日子。

二

年幼时成绩颇优，我作为李老师的得意门生，一年级伊始连任了四年数学课代表，直到四年级我的懒惰把我正式革职。

任职的最后一年我从隔壁班数课代处学得经验，利用职权篡改作业缺交名单，开始隔三岔五漏交作业，不幸仅一月就被老师发觉。一张白纸开始染上污点，总有人会痛心疾首。我从未见李老师如此生气，她把我拎到办公室，与我进行了一次深刻谈话。聊过理想，谈尽人生，真正打动我的却是老师最后一次摇头叹息完拿出的照片。

我认得那张照片。一年前在科技楼旁的一棵雪松前，她搂着我和成绩同样优秀的杨，笑着对拍照的同事说："这是我最喜欢的两个学生。"李老师把照片放到我眼前晃了晃："还记得我说过什么吗？"我努力拢住满眼的晶莹，点

点头。

"我再给你一次机会好吗?"

"好。"

有时念出一个字竟要倾尽所有力气,我无法再留住泪水,它随着我悬空的心缓缓淌下。

老师的真言在初期真切地唤醒了我,可懒惰的种子一旦发芽,就没有那么容易根除。不出一周,我又抱着侥幸心理再次作案,这次却被李老师当日抓获。李老师再次与我谈话,一向温柔的她言辞激动之处还捶了桌子。但言者谆谆,听者藐藐,我对她的劝诫不以为然,依旧我行我素。

"既在意料之外,又在情理之中",经典的阅读题得分模板,却成了我悲凄下场的最好评价。李老师在离学期结束仅一个星期的时候把我的数课代兼给了班长杨,并在总结会上送了她一支钢笔,说:"谢谢杨每天帮我收作业,在这里我送她一份礼物。"话音未落,全班鼓掌。我紧紧盯着杨手上标致的钢笔,想到收了四年作业一无所得的自己,一颗心悄然破碎。

李老师给我上了很好的一课,可我却没有好好领会,反以荒唐走上了颓圮的堕落之路。

多年后我们在大街上偶遇,聊到过去李老师说了这样一番话:"老师做的一些事情不期望你当时就能懂,只是想你在长大以后能明白老师的用心。"这是我多年不曾听到的金玉良言。

三

我在缠绵的秋雨里期盼收获,却忘记了未曾在春季用心耕耘。

六年级,毕业班进行了重新分流,我被划分到一个陌生的班级,开始了我臆想中的美好生活。可离开了李老师的我,成绩并未如想象中那般回升,时间开花结果,告诉我落魄的如今从来都是拜己所赐,无关他人。但顽劣的树已蔚然成荫,灰暗我心灵。不被知晓过往的我,只会泯落埃土,不再闪耀。

临近小考，班主任特意开设了一堂教育课。在我的理解中，这种课与无可救药的差生不会有任何牵连，但发着呆的我竟听见班主任念到了我的名字，示意我向外看。木然一瞥，我蒙尘的眼里却亮起一张黯淡一年的笑脸——李老师。

曾经的一切开始冲击我的内心。窗里，窗外，一个时间之神没有允诺的约定，一份还没来得及完美结束的感情。踩着激动，我拥着千言万语又一次来到她身边。她微笑着，用往昔的深情轻轻地对我说："走吧。"颔首相应，一句简单的话对于我，可以唤起不能用眼泪表达的心思。

李老师带着我又来到了科技楼前，雪松依旧，只是人已改变。抛下所有喋喋不休，老师与我清谈起了过去：第一次与我相遇，第一次看我在运动会上大放异彩……凭着回忆撑腰，我鼓起勇气抬头看她，在怡人笑容之外，我却望见了一丝憔悴。六年了，我长大了六岁，老师也老了六岁。我深知老师长久的陪伴绝不是为了拿一份微薄的工资，只是不明白是谁给了她对抗岁月的勇气。下课铃不近人情地响起，她拍拍我的肩膀："只有两个月了，好好加油。"又递给我一个盒子："到教室再打开，回去吧。"我看着她的脸，知道不能再辜负她的期望。

一路无言，回到位置上我打开盒子，深灰色法兰绒里面静静地躺着一支钢笔，它迟到了两年，在我梦里萦纡了两年，终于在我最怅惘的时刻出现。

四

"每次看你们长大离开这里都替你们感到开心，可真正分别后又有抑制不住的难过。"这是李老师两个月前说过的话，可两个月后我才真正体悟到这句话的真正含义。

以钢笔之名，我狠狠地拼完了最后的两个月，拿了一个不错的小考成绩，结束了我的小学生涯。毕业那天，我们像刚入学那样在教学楼前排好路队，等着班主任最后一次领我们出校门。人群中，我满怀期待地仰起头，终于在三楼

办公区看见了李老师。本想上楼和她说声再见,但我想起她说过的话,知道不能再去惊扰她,否则那将是一场漫长的告别。

一步一步,我离开了这里,头也没有回,即使知道,她就在身后。

一点一点,我告别了回忆,魂也没有牵,虽然明白,她还在心中。

尾声

轻轻说声,漫长路快要走过,终于走过明媚晴天。心里边童年稚气梦未污染,今日我又试与你肩并肩,当年情此刻是添上新鲜!一望你,当初温馨重现。

我们常常把一些往事抛在脑后,一些生命的片段烙印在时光尘埃里,我们可以试着忽略,但是这些毫不起眼的一切却一点一滴凝成一条链子,将现在与过去牢牢连在一起。

此文献给实验小学李志华老师,祝愿所有美好的师生情谊永存人心,亘古不变。

江南水，师生情

刘艺欣　优秀奖，2016年秋高一（19）班
指导教师：滕梅云

任它弱水三千，我只取一瓢饮——取的便是那宛若一瓢江南水般无尘无染，柔美动人的师生情。

江南这个词，仿佛弱水生花，千朵万朵重逦而来；而我恩师，宛如江南里的烟水，虽在我记忆中悄无声息地淌过，却在我的心田留下了一片清新的绿意。

她打江南走来，浅浅羞涩如朦胧的烟雨，流露出的真情又将其勾勒成了传世的青花。她是六年级新插入的语文老师，有一副南方女子的小巧玲珑的身材，一双眼睛如杏子一般乌黑圆润，一席长发犹如河畔的垂柳，一双纤手总是春风般拂过失意的同学的脸颊。或许是因为初来乍到，或许是因为头一次教六年级的大孩子，站在讲台上的她两颊镶着几缕红晕，显得有些羞涩。

"同学们，我是你们的语文老师兼班主任，黄老师。"她的话语并不多，也显得有些生涩，但吐字的声音却犹如四月天里纷飞的烟雨，温和而清新。在她的课堂里，她对课文的朗诵格外注重，不论是多么枯燥乏味的内容，还是多么晦涩难懂的文字，在她的声音下，都仿佛有了魔力一般，变得生动有趣。而且，"魔术师"不仅仅是她的声音，还包括她的情感，每每读到跌宕的人物情绪变化和起伏的内心感受时，她都真情投入，抑扬顿挫的声音和跳跃舞蹈着的眉毛让课文中的画面一幕幕逼真地呈现在眼前。她的真情投入让每一节课都充

满活力,让同学们身临其境,神宁汇聚,仿佛徜徉在泼墨山水的诗情画意中。

她打江南走来,谆谆教导如飘絮的春雨,不偏不倚,润物无声。六年级那一年,为了提高同学们的课外阅读量,黄老师倡导大家多看课外书,拓宽视野,于是,她亲自去校园图书馆选择能够滋润我们心灵的好书。关于书的挑选,她还专门制作了一个表格征求每个同学的意见,因此,借来的书籍都像插上了翅膀,不久便全飞到了同学们的手中。当然,带自己喜欢的好书到图书角供其他同学借阅的也不少,我就是其中的一个。一次,我欣然地将我心爱的图书放入图书角,不久就被折磨得千疮百孔,我心疼地捧着那本已面目全非的书,恶狠狠地瞪着借阅的同学,眼睛里充满了敌意。这时,黄老师走了过来,语重心长地说:"世界上最宽阔的东西是海洋,比海洋更宽阔的是天空,比天空更宽阔的是人心。如果一本破损的书能让你学会宽容,让他人学会爱护公物,那也是物尽其用了。"老师的声音犹如江南的春雨,把我的心灵之窗洗涤得清晰明亮。至今,她的话语还在我的耳畔回响,让我时刻铭记宽容的意义。

她打江南走来,细腻的情感犹如潺潺的溪流,清澈如镜,温柔如绸,淙淙的水声像母亲轻唤谁的乳名。在那个草长莺飞的四月天里,教育局为了让全县中小学生全面发展,缓解学习压力,举办了一次全县性的绘画比赛,而黄老师从不把我们禁锢在学习的牢笼中,对此次比赛尤为重视,从而开始在班上寻找"有才之人"。当时我和班上的几个同学正迷恋于看漫画书,不论是娉娉婷婷的花季少女,还是风姿飒爽的篮球少年,或是活力四射的卡通动漫,都像一块强劲的磁石一般吸引着我们的目光。于是,在几个要好的同学的建议下,我们准备牛刀小试,自己编绘一本漫画书。但也许是因为经验不足,也许是因为绘画技术不精,我们的"处女座"以失败告终。在这样的打击下,我仿佛一只被打湿了翅膀的鸟儿,面对那个美好却遥不可及的蓝天,有点失落,有点自卑,觉得那个当漫画家的梦想已不再属于我,那架通往远方的桥梁已经轰然倒塌。

黄老师似乎注意到了我的一蹶不振,便打听到了我漫画事业失败的事,在一次早读时把我叫了出去。我怀着忐忑的心情走出了教室，心里默默地想着，现在正值小学的冲刺阶段，马上就要踏上小考的沙场，而我却还有时间画闲画，老师一定是批评我不务正业的。我低着头杵在老师面前，焦灼得好像热锅上的蚂蚁，怎料老师却轻轻拍了拍我的肩，那如江南流水般的声音柔柔地从我耳边淌过："这次尝试失败了没关系的，老师给你一个更好的机会，去参加全县中小学生绘画比赛吧，你一定会成功的！"黄老师的话让我心中一惊，绘画大赛确实是一个很好的平台，但一个失败者怎么会有资格展现自己？我只会给老师丢脸的，于是我婉言拒绝了她。她也曾问过我为什么，我在周记上用一段话告诉了她原因：既然我没有能力，就没有资格尝试；既然我不能经受打击，就只能止步不前。

第二天，她用绢秀的字迹在周记本上回复了我一段话："生命如铁砧，越被敲打，越能发出火花。你不是没有能力，而是被一次的失败蒙住了双眼，你应该勇敢地试一试。"后来，我思考了良久，终是明白了她话中的含义，让我从自卑的阴影中走了出来，重拾自信，重新拿起了画笔。不久，在老师的细心指导和我的努力下，一幅色彩鲜明、生动逼真的绘画作品终于在我自信的笔尖下完成。

但就在我兴致勃勃地准备参赛，收获成功果实的时候，校长突然发布消息，让全体六年级的同学认真学习，专心应考，放弃参加那些干扰学习的比赛。接到这个消息后我不得不弃赛，此刻的我仿佛一只折翼的鸟儿，在追逐朝阳的关键时刻一下子跌入了低谷。难道我所做的一切努力都白费了吗？我所流下的汗水都将被蒸发得无迹可循了吗？一朵失望的乌云笼罩在我头顶上，密集得照不进一点阳光，沉重得透不过气来。这时，黄老师如潺潺清泉般出现了，她总能在第一时间洞察到我内心的失落，并给予我温暖的阳光，她说："你已经战胜了你内心的敌人，你在老师心中已经是冠军。"第二天，她把我的画作张贴在教室的"书画园地"里，下面题着她亲笔写的几行秀丽的小字，鼓励我继续追求梦想，振翅飞翔。江南的泉水总是悄无声息地淌过大地，却不知道灌

溉了多少失意的花儿，安慰了多少迷惘的心灵。

她是江南里的袅袅烟雨，心无尘翳，洗尽铅华；她是江南里的沥沥春雨，不偏不倚，润物无声；她是江南里的潺潺溪流，循循善诱，滋润心灵；她是我记忆中的一瓢淡水，却铭记于心，刻骨难忘；她是我生命中的最美教师，冬日煦阳，巧育英才。

任它弱水三千，我只取一瓢饮。她便是那瓢江南之水，虽只有一瓢，她却情愿用来灌溉一株新栽的桃花，待明年春来，默默看着它花开如锦，灼灼灿灿，燃烧一季的旖旎。

就想这样静静听着你的声音

刘婷婷　优秀奖，2016年秋高一（17）班

指导教师：杨彩根

一

新升入初中一个月，一个安静的晚自习，你对我说："一个月过去了，你的能力我也……"

那是我第一次独享你的声音。

初中刚开学，我凭经验优势顺利当上了班长。但与我并不熟悉的你，作为班主任，不免有些怀疑我的能力。于是，我们定下一月之约：给我一个月试用期，如果效果好，我便可以继续做班长；若是效果不佳，我将要"禅位于贤"。

一月之期悄然溜走，管理班级的繁忙令我早已忘记试用期的事。

暮色四合，待晚自习铃声响过一阵，校园才变得静悄悄。你正在坐班，同学们安静地做着作业。时不时掠过的凉爽秋风拂去了解难题时的浮躁，窗外的夜也显得那么恬静。四下静谧，秋夜已寻不见聒噪的鸣蝉，除了风以外，只剩下天边一闪一闪的星还可以让人感到时间并未静止。

我刷题正爽，突然听见一个平静的声音传来："班长，出来一下。"我闻声而起，走到教室外黑漆漆的走廊，看见的只有你靠在阳台上漆黑的身影。我上前，待命。你平静地说："一个月过去了。"我怔了一下，心中生出莫名的恐慌，安静的秋夜一下子静得可怕。"你的能力我也看到了，你管理班级是很不

错的,以后你继续担任班长一职,我相信你……"

你说什么?我相信你!虽然是平淡的语气,却令我如此激动!霎时,凉凉的空气里浮动着欢喜的气息。我不知该说些什么,最后只有故作镇定,压低声音回了一句:"嗯。"语末,我立刻转身,轻快地小蹦着回到座位,即便我已无心思刷完剩下的题。

二

我正式担任班长一职之后,你对我的信任日渐增加,而我的责任也越来越重。日子过得总是那么繁忙而充实,窗外的青松一如既往地青翠而挺拔,然而散乱在地上的枯叶却因为那夜春风的温暖怀抱而隐没在湿冷的土壤中,化作了松软的春泥。

当春日午后的阳光懒散地透过操场边的大树,留下星星点点斑驳的倩影,教室里就只能轻微地感觉到同学们缓慢而惬意的气息——谁都不想放过这午后暖暖的休息时光。

看着同学们并不吵闹,我开始整理、统计班费。我打开放置班费的文件夹,却发现里面空空如也,竟只有些许尘埃了!我努力回想——明明是放这儿的!再想想,那可是140多元啊!那一瞬间,心中的防线全线崩溃,感觉眼内像是有浪潮奔涌袭来。或许我前几天统计归置好,也就不会有今天的"悲剧"了,这下怎么办啊?这才任职多久啊!我的乌纱帽……

本想静下心先睡一觉,可阵阵心慌让我怎么睡得下?终于,我决心去认错!刚到楼梯口,却瞥见另一头的楼梯口出现了被阳光拉长的身影——是你来了!

见到我,你有些诧异,但还是先去教室视察了一遍,而后才到发愣的我的身旁。又是平静的语气:"你刚刚去哪儿?"我心里发慌,说:"我,我去找你。"

"找我,有事吗?"不知道为什么,你平缓的语气像是被阳光烤过几番,进入我的耳内变得滚烫无比,我变得吞吞吐吐,好像快要失声。

"嗯,有事。那个,嗯,班费……班费……班费被我弄……丢……"我说不出来了,把头深深地埋下去,等待着被"判刑"。

"弄丢了?"你问道。这时,我无言以对,内心感到十分愧疚。

你变得神情严肃起来,我也变得伤心起来,准备道歉。我刚要开口,你却说:"以后,你每星期五上午把班费统计好,记好账,下午交给我,更保险,以后可得小心了。"而后,你又变得语气平静:"要午休了,去睡会儿吧,下午上课可别打瞌睡啊!"话音刚落,你便离开了我的视线。

你已远去,我还定在原地,像魂魄出壳般一动不动。整幢教学楼像是被定格的剪影,一切悄无声息……

猛地,魂归躯体的我急忙向操场望去,你那瘦小的身影被越拉越长,然后,越变越短。你,一个身材瘦小的年轻男子就这样渐渐消失在灼眼的阳光里。

三

刚入初二时,虽已9月,却还只感受得到那盛夏骄阳的灼热。白天,教室里的风扇开足了马力,疯了似的狂转,吊扇下的学子却还是一手拿着考试用的垫板狂扇不止。可恶的是,细密的汗不停地渗出皮肤,欲干未干,身上有种讲不出的难受,看着笔下的作业更是难受。到了晚自习,暑气才不舍地退去,风也轻轻地拂过来,这似乎才是秋天应有的节奏。

在教室里待久了还是闷热的,空气里浮动的大多是二氧化碳,让人吸了有窒息的感觉。燥热的教室里不间断的是笔尖摩擦纸张的"沙沙"声响。头顶上顶着并不十分明亮的光晕,让这本来就解不出的题变得连题目也看不清楚。

心烦!意乱!正当"心不慧,眼不明"之时,你又一次平静地召唤:"班长,出来一下。"这让我似乎找到救世主一般。我飞也似的跑到教室外。啊!阵阵秋风瞬间使我燥热的心凉爽下来。你用平静如往常的语气说:"下学期就

要分班了,你知道兴国班吗?"

奶奶曾对我说过,能考上兴国班的,都是精英。

"我觉得,目前,最有希望的人选是你,你可要加油啊!"

我的天,兴国班于我而言就是个神话故事,以前我是想也没有想过的啊!

"你现在的成绩还不是特别理想,但以你的实力,我相信你,你要给自己定好目标,加油哦!"你侧过脸望着我。黑暗走廊中,闪烁着的只有你的那双眼。我很诧异,你怎么有勇气说出这样的话?这是第一次有老师给予我这样的肯定,你给我的学习输送了许多正能量。

顷刻间,我似乎被秋风吹醒,冷静了许多,心中的燥热由轻风捎走,去向那看不见的远方。我回到教室,再次执笔。

此后,你被调走,留给我的只有带着语音的回忆。每每想起,我都觉得自己该坚强地走下去,走向远方,走向属于自己的未来。

四

由于感觉上的迅速,我竟发现时间是那么短促,弹指一挥间,已记不起九年级那段埋在作业堆里生活的细节,而今,我已成功考入兴国班。我挺开心,你得知后,也很高兴。

如今,又是晚自习,我静静地伏在窗台,眺望星空,回忆着你那平静的阵阵轻语,仿佛你就在我的身旁呢喃,而我,静静地听着你的声音……

师生之情，难忘于心

刘美青　优秀奖，2016年秋高一（18）班

指导老师：刘文华

岁月是韶光之海的清澈双眼，流年是时光之花的温柔点缀。站在记忆深处回眸，唯与吾师之情既深且长；站在记忆深处思量，唯与吾师之情思量自难忘。

那时我刚上七年级，妈妈带着我找到我所在的班级去报名。刚进教室，就看到一个戴着红框眼镜、穿着牛仔短袖、梳着简单马尾的面目清秀的女生坐在一张桌子边朝我们看了看。我和妈妈原先都以为那是学生，来帮报名老师打下手的，刚想问在哪儿报名，那个女生似乎看破了我们的心思，便说："报名请来这边。"当时我心里想着，莫非她是我的老师？后来在我默想之余，妈妈就问她是不是老师。她的回答让我们都惊呆了，是的，那位学生模样的女生就是您——我亲爱的肖老师！

遇见是一种烟花盛开的美，那年夏天，您25岁，我13岁，我们相遇。

阳光透过窗棂，在教室里洒下一地斑驳。作为班主任的您，放弃了您的个人休息时间，只为来指导我演讲技巧。您用笔在演讲稿上轻轻圈点着，并教我何处应停顿或抑扬。不经意间，似是将这份浓厚的师生之情点染进心间。

或许是因为第一次登台演讲，很紧张，我有好几次忘词，支支吾吾半天说不出话来。眼里蒙上雾气，磕磕绊绊的演讲已让评委老师和同学们脸上的不耐烦越积越多，我只能维持着脸上空洞而僵硬的微笑。此时，台下的您正看着我，向我紧握拳头，我明白——那是您对我的鼓励与支持。目光相接之际，我心中不禁怦然一动，脑海里灵光乍现，麦克风中又传出我略微低沉的声音。演讲结束，对着评委老师们深鞠一躬，仓皇下台，眼睛湿润，眼前再次浮现出您

温暖的目光,没有责备。

虽说那次演讲比赛最终得了一个二等奖,但我仍心有余悸,我并没有成功,没有达到您的期许,辜负了您……

八年级时学校又举行了一次演讲比赛。

当您再次找到我,让我参加比赛时,我拒绝了,我很害怕重蹈七年级比赛忘词的覆辙。在您了解我内心想法后,便对我说:"从哪里跌倒就要从哪里爬起来。"看着您那饱含鼓励的目光,一种向上的力量油然而生,"那行,我再参加一次!"您笑了,拍了拍我的肩头,我也笑了。

阳光缱绻,云淡风轻。面对那些熟悉的评委老师与同学,我心里还是有点慌。但您却依旧如当年一样站在台下看着我,点头,微笑。我在心里默默为自己加油。麦克风中开始传出我的声音,似乎那声音中多了点自信。我看到评委老师们不再是当初的不耐烦,更多的是满意与欣慰。演讲结束,我亦如当初一样对评委老师们深深地鞠了一躬。但那一躬更多的是对肖老师您的敬意与谢意——如果不是您,我不能再次站在台上,不能顺利完成比赛,不能重拾自信,不能"从哪里跌倒就从哪里爬起来"。

"你是一树一树的花开,是燕在梁间呢喃。你是爱,是暖,是希望!"是您当年那句句的鼓励话语,如涓涓细流,流淌在我的心田。而那年,您26岁,我14岁。

而也就是在那一年,您和当时28岁的许老师在我们的见证下携手步入了婚姻殿堂,我们见证了您一生中最美的时刻。在我们得知您要结婚后,我们都吵着要您的喜糖,您很无奈地看着我们,却又在婚后返校时和许老师搬了两箱"大礼包"来教室,给全班每一个同学都发了一盒糖果,引得我们惊喜连连,也羡煞旁人。不知怎的,那个时候的您让我们觉得越发美丽,越发有韵味。

由于您婚后不久便怀有身孕,就辞去了班主任的职务。没有您的守护,就像小鸟不能自我生存,我们的成绩开始下滑,班级风气也大不如前。看到我们这般不争气,您的心在滴血,否则您不会当着全班同学的面而流泪……那次您站在讲台边,用手抹泪,似乎在与我们赌气,哽咽地说:"以后我都不再管你们了，你们争不争气都和我没关系……"眼泪仍是汩汩外流……当时我坐在位子上，看着您，不知该怎么办，于是我也偷偷地哭，陪您一起。我真的很害怕您说真的，不再管我们，真的不再管我们吗？我让班长去给您递纸巾，课后去找您，小心问您是否不要我们了。您当时笑了笑，没回答。我们也笑了，我们知道您只是在说气话，您从来都不会不管我们。

"你如天空里的一朵云，偶尔投映在我的波心。"从您为我们伤心流泪时，我就知道因为有您，我才能收获暖暖的感动。

中考前夕，您经常带着半岁大的宝宝在学校走动，为的就是来看看我们，来找我们谈心。我永远都忘不了您那犹如秋水般安静的眼神，似一片洁白的羽毛，扫去我心中的阴霾。我也曾在 QQ 空间里看到您发的说说——"马上中考，愿学生们取得好成绩"，寥寥几字，却饱含了您的爱与守望。

后来我毕业了，离开了校园。那年，您 27 岁，我 15 岁。

虽然我离开了母校，但我却从未想过要离开您。

那日午后，离合的光影曼妙在宿舍走廊，我倚在栏杆边给您打电话，送上我对您的教师节祝福。在电话中，您问我高中生活是否适应，身体怎样，心情怎样……您依旧如以前一样那么有爱，那么贴心。正因如此，我才不舍得忘记您，不舍得离开您。

一纸彩笺写不完纷然如昨的悠长过往，一阕清词吟不完紫陌寒烟的无言守望，一曲笙歌唱不出流年岁月的曲调悠扬。长歌梦续，微乎其芒，您总是对我们留下一片深情。一朵彼岸，一川云水，不敢想象那些一起走过的日子转眼成苍，荏苒而逝。

但我想，不论经过多少年，轻舟经过几重山，我都不会忘记您与我之间的那份深厚的师生情，它将如永恒的花朵绽放在岁月的枝头，灼灼其华，永不落下。

回首思量处，泪已成行，师生之情，吾岂能忘？

吾岂能忘！？

开一树芬芳繁花，结它个桃李满园

陈检叶　优秀奖，2016年秋高二（22）班
指导老师：江雪

"流浪"了那么多年，回来时发现

小学瘦了一圈

田埂边的老屋，童稚的娃娃脸

都不见

驼背的柳树孑立桥边

蘸着阳光，暖了我的眼

校园依旧蹲在那边，而你却不在身边

——题记

那年和你站在山冈上，才发现，原来很希望自己是一棵树，像你一样，宁静、向光、安然。敏感的神经末梢触着流云和微风，但一生只做三件事：开花、结果、落叶。

未解前路多少事，欲与青天试比高

刚开学，我睥睨全班，然而两手撑在腰间，又感觉不够威风，于是站在椅子上，似乎还不够，便背着手跨上了讲台，咳嗽了几声作势道："嘿！伙伴们，咱们去后山采野果吧！"喧哗的教室顿时静了下来，齐刷刷地看向我，我见状，眸中不禁晕开了丝丝笑意，一阵窃喜——记得跟母亲去砍柴时，有种红里透黑的山楂子，酸酸甜甜，味道极好！已有几个同学义薄云天地响应于我，喊了几声"好极了！"可突然又慌忙退缩到了自己的位置上。我太阳穴突突直跳，背后渗出了冷汗，果然……

"你，像什么样子，回到座位上去！"你愠怒道。我机械地转头看你——年逾六旬，饱经风霜的脸上布满了深深的皱纹，两条灰褐色的眉毛拧在了一起，镶嵌在下面的是两只小小的眼睛，有点混浊。我又盯着你指着我的手，有小蒲扇那么大，每一根指头都粗得好像弯不过来，皮肤皱巴巴的，有点像松树皮。我垂着脑袋，涨红了脸，辫子从肩上垂落下来，悻悻地回到了座位上。

我看着你从容地步上讲台，一瞬间那皱褶肆意蔓延的眼角，漾满了浓浓的笑意："小朋友们，你们好，我是你们的班主任，希望你们乖乖听话，好好学习。"班上的同学都端正地坐着，静静地看着你。我翻着白眼，很疑惑，你怎么不罚我呢？你接着清了清嗓子，又说："小朋友们，你们有自告奋勇地要当班长的吗？"霎时，教室像刚睡醒的森林，大家纷纷将手举得高高的，还喊着"我要！""我要！"我心想，倘若自己当上了班长，那岂不是相当于花果山的猴王，可以带领这些"猴子猴孙"去"闯荡江湖"了，我忍不住哈哈大笑了几声。为了让你注意到我，我半跪在椅子上，胳膊肘顶在桌面上，五指叉开，高举起右手嘴里还不停地喊着"我要当班长！"可你的目光穿过我，似乎存心将我屏蔽了一般，结果可想而知，落选。整堂课，我要么叼着笔看看窗外，要么趴在桌上佯装睡觉，可我心里闷得很，为什么不选我？

很多堂课，我故意插嘴扰乱秩序；课间休息时，趁你不备故意在你的备课本上涂一层细细的蜡，让你无法写字；我还知道你的家就在学校后山的老屋，所以每每经过你家时都会顺势捡起石子扔进你的菜园子里……一开始，你会好言好语地在我耳边念着不听话的小孩子会被大灰狼吃掉的，等等，终于有一天，你忍无可忍。我在课堂上睡觉时，你从口袋掏出了一瓶风油精径直走向我，将风油精放在我的鼻沿，问道："还困不困了？"我瞬间呛酸了鼻子辣红了眼眶，狠狠地瞪着你，咬着嘴唇恨恨地说："我就是不喜欢你！哼——"一说

完,我就将头埋在臂弯里,你怔了怔,长长地叹了口气,佝偻着身子走回讲台。一连几天,我都看你不爽,直到那个秋雨天……

细雨湿衣看不见,闲花落地听无声

那天下午,迎面吹来一阵湿润的风,桂树叶子纷纷摆动,像一河翻滚的绿波,很快,浓浓的云雾漫进了校对面的山里,锁住了山峰。一串震荡不大的雷,催下一阵脚步很急的雨,沿着屋檐,滴到我的脸上,从脖颈穿过,小虫子似的又冷又痒。我长长地吁了一口气,静静地听着山间雷的呼噜声、雨的脚步声,口中喃喃道:"算了……妈妈应该不来了,跑回去吧。"突然,我感觉肩上罩上了一层温热,可有点糙糙的,像松树皮蹭过一样。转身一看,原来是你。你的眼角依旧漾满了浓浓的笑意:"孩子,到老师家去等你妈妈来接你,好吗?"我一直瞅着他,好像有一股什么东西流过眉尖心上,这个在开学第一天就对我"另眼相看"的糟老头会叫我"孩子"?明明前一段时间我一直在他的备课本里涂上一层细细的蜡,明明前一段时间在放学经过他家时会将路边的小瓦片扔在他的菜园里,明明……自己处处与他作对。"孩子,愣着干吗?走吧。"伞下的你一直牵着我的小手,而我,一直低着头,不敢看你。

田埂旁,有座老屋,外墙用黄泥掺上麦草屑,墙边放着一摞摞干柴,柴堆前斜躺着竹编的鸡笼,一只老母鸡,在屋檐下护佑着它羽翼未丰的孩子。我虽日日经过你家,可未曾好好看看。你收起伞,含着笑说:"孩子,你在这坐着,老师去给你弄点吃的。"我听后,一直愣着。过了一会儿,我来到灶前,埋着头,咬着嘴唇,红着脸问道:"老师……老师还记得前段时间我对你做的坏事吗?"你顿了下,继而捏捏我的脸说:"傻孩子,我一个糟老头子,还跟你计较什么啊!"我终于咽了咽口水,伴着呜咽,胸腔不断起伏,抬起头,噙着泪问道:"那……那老师选班长那天为什么装作没看到我?我明明很努力地举手了,真的很努力了!"此时,你的两条灰褐色眉毛又拧到了一起,不过眼睛混浊得很,但却淌着满满的心疼,温和地摸摸我的小辫子说:"老师就怕你啊,真的带同学们上山摘野果子去了，那得多危险啊！"我听后扑哧一笑，鼻子便吹了个泡泡，你也笑了，还给我揩掉鼻涕，亮亮的鼻涕丝粘在你的手背上，可你一点儿也不嫌弃。那时我觉得，你就像爷爷，很像很像。

你一边把我推出了灶台，一边说："灶台脏，去外面玩去。"说完，一次打了四五个鸡蛋入锅。我又仔细地打量着这座老屋，散发着土地的气味，屋内的墙上抹着白灰，一碰就沾上了手。我把脸贴在窗玻璃上，心想：老师一直都是孤零零的一个人吗？明明自己在电视上看到的都是暖暖的灯光下，一家人其乐融融地围着一张桌子吃饭，可老师这儿除了有张陈旧的书桌，就别无其他的了。我又看向你，心里告诉自己，以后一定会听你的话的，一定！

夕阳西下枯枝影，余晖捂热幼青枝

山坳里静幽幽的，枝叶繁密的苦槠树上，偶尔有山雀子扑腾的声响，轻柔的山风，夹着野花的香味，飘散着从杉林里漫出来的蒙蒙雾气，让人心里感到香甜和滋润。你手里拿着水桶，肩上挑着小树苗，而我扛着铁锹屁颠屁颠地跟着你。

"老师，沿途的树都是你种的吗？"我跑到你前面，仰起小脸问道。

"有的是，有的不是吧，太多年了，老师都有点记不清了。"他看了看周边的树回答说。

"老师记性真差，那老师的孩子跟你一起种过树吗？"突然想起那空荡荡的老屋，小心问道。

"他们啊，都在远方呢。"你顿了顿，混浊的眼睛显得更加沧桑，两边的颧骨扯着皱纹一起隆起。

我见状，不忍再问下去，我们到了，我看见这儿的树木，像油尽灯枯的老者，慢慢地倾倒下自己高大的身躯，颓废地倚靠在自己兄妹子孙的躯干上。风飕飕地吹过，活着的生命轻轻抚慰着死去的老树每一根瘦骨嶙峋的枝条。

"你们啊，就像树下的小草，再怎么小，都会直直地面向天空。"你摸摸

我的头说。我眼睛一亮,急切地问道:"我们是小草,那老师是什么?"你笑得更加灿烂,可那橘色的阳光透过树叶,映在你的头上,仿佛让你灰白的头发染上了一层霜,显得有点憔悴。继而你乐呵呵地说:"老师啊,老师是一棵高大的树,一棵深深插入泥土的树。"我听后,眼睛不自觉地又望了望刚刚看到那棵憔悴枯槁的老树,心脏突然好像被人握着似的,很难受。

我看着你一垫二提三埋四踩专注种树的背影,也脱了外套,卷起袖子,用铁锹挖土。我又忍不住地偷偷看了看你,蜥蜴般的眼睛,虽然有些混浊,但依旧有神。可您千沟万壑的脸上,流着汗水,更像沟渠了。忙完了已近正午,你直了直腰板,笑呵呵地说:"咱们差不多该回家了。"我点了点头。下山坡时,你转过头问我:"要不要老师唱歌给你听?"我瞬间雀跃:"好啊!我还没听过老师唱歌呢!"随即山坡上飘出了一阵有点沧桑但很有力量的歌声:

西边的太阳就要落山了

微山湖上静悄悄

弹起了我心爱的土琵琶

唱起那动人的歌谣……

我看到你白白的头发,在风里飞扬,不由得跑上去,小小的、嫩嫩的手牵起了一双皱巴巴的大手,心里,无比温暖。

白云一片去悠悠,青枫浦上不胜愁

老师的声音越来越哑,稍稍讲一会儿课,后背就会汗湿一大片。我们这几天,都格外的听话,因为我们怕你会因为我们不乖乖听话,就生气地离开我们。

可那天,还是来了。

那天,我们一听校长说你将离开乡下学校去看病,我们的脑子一下子"嗡"的一声炸开了,纷纷冲出教室,大喊着:

"邱老师!邱老师——"

"……看好了病就回来噢——"

"那时我们——我们来接你！"我们喘着气喊着。

你穿身厚厚的中山装，本应笔挺的中山装却被你佝偻的背隆起。你转过身，泣不成声，取下了眼镜，又撩起衣角擦擦镜框，用手背揩了揩满眼的泪。俄而慌忙转身，上了车，等我们跑到校门口时，车子已经变成了一个点，越来越小……

有几个学生喃喃地说："老师还会回来吗？"说完就哭了起来，又抽噎地说："如果老师回来了，我一定乖乖写作业，一定——我一定会的！"此时暖暖的阳光透过桂花树在地上映出了一朵又一朵的金花，像你慈爱的笑脸，可风一吹，又成了满地碎影。

那么多年了，邱老师依旧没有回来，而他的学生们，不，是孩子们，七八岁的孩子们，都已经十六七八岁了。

邱老师，你知道吗？想起你，我们的眉睫之间，泪似泉涌，我真想剪一段阳光，裹住心伤。是啊！你是扎根泥土的大树，一生只做三件事——开花、结果、落叶。你一生却所需甚少，只要有阳光、雨露、泥土即可。但你的人生，在我的心里，却是如此美丽、富足、伟大。

我情不自禁地摩挲着你当年种的那棵树，轻轻地告诉你：名利、富贵，于我如浮云。今生，像你一样做一棵树。我，只想，开一树芬芳繁花，结它个桃李满园！

回过头，教学楼顶的白云，依旧在奔跑……

那盏明灯,仍在

刘威龙　优秀奖,2016年秋高二(17)班
指导教师:刘红梅

夜再黑,路再远,总有一盏灯在穹顶之下默默照亮黑暗,指引我,向远方。

——题记

如果说青春是黑夜中的漫漫长路,那追寻梦想的航向就是幽暗中闪烁着灵动的点点萤光。光随风流转,像记忆碎片拼凑着我与老康相处的朝朝暮暮。

老康不是潇洒的帅哥,也不是呆萌的老顽童。他个不高,有点发福,右手两根粗短的手指早已被烟熏得发黄,但他那双锐利的眼睛永远充满着激情,与那星星白发形成鲜明的对比。尽管整天忙得团团转,他也是乐呵呵的,远远地都能听见他那爽朗的笑声。

在课堂上,老康始终精力充沛,双目炯炯有神。每当睡意袭来,他的目光就犹如一道闪电,将我们惊起,然后他又淡定地讲解着黑板上的几何题。他仿佛是一位驰骋沙场的将军,挥舞着一副巨大的三角板,高喊一声:"向几何进军!"他随手画了几条辅助线,便开始直捣黄龙,曾几何时,不可一世的几何还在我们面前耀武扬威,而今却被老康用一副三角板分割得"支离破碎",实在是"惨不忍睹"。其他班的同学都说,"几何几何,学了跳河",可一道几何题却难以在老康手上存活一个小时。

老康不仅教学水平高,对待学生也特别严格。如果有学生胆敢不做作业,那下午办公室就会出现他纵笔疾书的身影。老康不仅要求正确率，还要求工整度。如果字迹潦草，他会毫不留情地写下"枪毙重写"四个鲜红的大字。由于一次性"枪毙"太多人，我们私底下都叫他"枪神"。老康不仅对学生"狠"，对自己更"狠"。每一次作业、试卷都是亲自批改，哪怕是到深夜。深夜中的灯，不知为多少孩子驱散黑暗。或许"平生任风雨，鸡唱五更残"是对他的教学生涯最好的诠释吧！

下午，夕阳倾洒，老康伏在办公桌上批改作业，周身散发着光晕，像是坐在光里。我就这样站在门口看着他，生怕打破这一瞬的肃穆。不知过了多久，当走过办公室时，他突然叫住了我，我顿了顿。只见他走到我身后，伸出那双肌肉松弛的手，把我的衣领捏好，抚平衣襟的褶皱，顺手拍去了我肩膀上的灰尘，然后轻轻地说了一句"好了"。一切都是那么自然，犹如家常小事一般。

老康坚持"让每个孩子抬起头来走路"的教育原则，时刻关注我们的心灵成长。为此，他别出心裁地布置了"心灵周记"，让每个孩子都可以吐露出自己的心声。不仅如此，他还会认真回复，常常一写就停不下来，为我们排忧解难。

老康将三年时光都奉献给了我们。尽管他女儿正准备冲刺高考，他还是选择与我们一起备战中考。三年来，老康不知举办了多少次生日聚会。6月，我们举办了最后一次班级生日派对，为6月出生的同学庆祝这个生命中不可多得的月份。老康为同学买了生日蛋糕，并送上一张自制的生日贺卡。在唱生日歌的时候，老康静静地坐在讲台上看着我们。所有人都知道，这是班级最后一次生日派对。当老康默默地走出教室，我们看着老康落寞的背影，都陷入了死水般的沉寂，只有蛋糕上的烛焰热烈地跳动着。

中考如约而至，老康默默目送着我们进入考场，直至最后一场考试结束。当我们回到教室时，老康静静地坐在讲台上，双手叠在桌子上，双眼直勾勾地看着对面的黑板。所有人都默默坐到自己的位置上。老康站起来说："考完了，

一切都定了,不要想太多。相信这个世界的未来是你们的,希望你们永远保持一颗向上的心!"说完,老康就向外走去。多情自古伤离别,窗外的纸片如寒冬纷纷扬扬的碎雪,而他仿佛一只失去幼崽的雪狼在艳阳下孤独地行走。

时光容易把人抛,三年匆匆而逝。正是眼前这个头发白得有点刺眼的人帮我们洗去稚嫩。或许他的身躯并不伟岸,但他如一盏明灯,默默地为我们照亮前行的路。

"老康。"班长叫了一声,老康的身子顿了顿,刚迈出的腿又放下来,"我来自偶然/像一颗尘土……"班长清脆的声音回荡在教室,同学们陆续从座位上站起来,齐唱道:"有谁看出我的脆弱……感恩的心/感谢有你/伴我一生/让我有勇气做我自己……"骄阳似火,歌声响遏行云,灰尘在阳光下漫舞着离愁,校园笼罩在淡淡的悲伤中。唱完后,全班向老康鞠了一躬,大声说:"老康,谢谢您!"老康哽咽着,身体微微颤抖,眼中闪着泪光。那天,我们都哭了。

即便与老康分开了,他也不忘关注我们每个人的成长,始终与家长们保持联系。在书店偶遇,他会问起我的学习,与我探讨学习上遇到的各种问题。后来听说他又被评为"我最尊敬的老师",我觉得理所当然,一个始终默默关心学生成长的老师值得被尊敬!

老康就像是黑夜中的一团萤火,尽管平凡且渺小,却在青春的路上静静守望。所有人都在狂奔,而他却选择为他们照亮前行的路,尽量不让热血沸腾的孩子因黑暗而掉下悬崖。孩子们走了又来,来了又走,而他始终守望在青春最易迷失的路口,为孩子驱除黑暗。

我在青春中奔腾而去,猛一抬头,依稀看见他虽不伟岸却很高大的身影。他如一盏明灯一直在前方,在黑暗中为我照亮一条通向远方的路。

沐忆·恩师

许丹丹　优秀奖，2016年秋高三（25）班

指导老师：王冬根

擎着伞，径直地朝着静谧的绿园走去。细碎的雨滴错落在伞面上，轻快地跳动着，发出滴答的声音，在耳边演奏着雨中独有的乐章。缓步迈入亭中，亭外的雨淅淅沥沥地下着，葱绿的草儿，翠绿的叶儿，带着一种令人心安的和谐美。心，在此刻拂去喧嚣，如尘埃落定一般渐渐平和。将伞置于亭中，望着瑰蓝的伞面，想象着一群孩童正围着它嬉戏玩耍……熟悉的一幕幕伴着稀释几年的记忆涌入脑海，嘴中不经意地喃喃轻语：赖老师……

印·初象

回想起对她最初的印象，便是近乎于我认知中的职业教师：躬耕于三尺讲台，说着一口流利的普通话，写着一手规整的粉笔字。特别的是，她的身上有一种独特的书香气质。自习课时，她时常捧着一本书，在讲台上独享自己的"繁华"。背脊微微挺立，一手挨着书的底缘，一手在右上角作翻书状，端庄而又投入。

初到她班上时，我还是一个从乡下转来的女娃，矮个子，中马尾，很普遍、很平凡。老师身上独特的气质就像夜幕中遥远的辰星，给我一种可望而不可即的距离感，可我又是那么喜欢。对她的敬、对她的畏，默默埋藏在心底。

老师是一个十分善解人意的人，不会过于热心，却待人绝对诚恳。班上的同学感冒了："赖老师！"同事需要帮助了："小兰！"领导安排工作了："小赖！"……她做事踏实、严谨，似乎有一种能让身边每一个人都安心的魔力。

而老师脸上常挂着的笑容,却总是会在上课时隐去踪迹。别看她平时和谐、静雅,但上了课便是一副不苟言笑的模样。"今日事,今日毕。"是老师说得最多的话语,即便熬夜加班,她也会在当天把练习批阅完。身为我们的班主任,她自是希望我们能够从小抓起,避免养成做事拖拉的弊习。所以,当我们拖欠作业任务时,她会训导我们,甚至惩罚我们。

我记得,有一次我的作文没有及时上交。她检查到以后,让我和其他几个没有交的同学互相用笔滚我们的手背。当笔杆从手背滚到关节,最后从指头滚落,我感到一种沉闷的痛,眼底泛起了泪花。而我也注意到,当我们被"行刑"时,老师故意逃避地望向窗外的眼神中,此时盛满了黯淡。我想:"老师也是不忍的吧。"而课后老师挨个儿慰问的身影,则让我在不安之余更觉有一股暖意自心间扩散。愧疚中,我暗自在心中盟誓:"此后,定不再拖欠任务!"

严厉如斯却又温暖如斯,老师曾带给我幼小的心灵一次又一次的触动。而挑动的心弦,渴望奏出一曲梦想的华章。懵懂的年华萌生出一个并不懵懂的梦,那就是:有一天,我要和老师一样,教书育人。是恩师,让我心中理想的风帆从此筑梦起航。

感·启蒙

岁月如歌,从三年级到六年级,不过是转眼之间的事情。可这短暂的三年,却让我收获了一份永恒的情谊。美好的岁月总是惹人回想不倦,而六年级那场文艺会演,便是我小学生涯中最亮丽的风景线。

那个夏天,我和几个小伙伴有幸代表班级参赛。节目是老师亲自编造的,采用的是"朗诵绘景+瑜伽"的形式,新颖又不失典雅。为了方便排练,老师特地让我们去她的家里。老师的家整洁、干净,给人一种舒心的感觉。给我印象最深的,是那颇具欧式格调的书房。鹅黄色的灯光洒在木制的书架上泛着淡黄色的光,不同样式的书架上无一不整齐地摆放着书籍。一眼望去,连一个折角、一粒灰尘都未能发现,让人油然而生一种对书海的向往。她站在书架前,身上的书香气质与整个书房融为一体，带着一种说不出的韵味。

和书房一样，空间不大却风韵不减的二楼待客厅，便是我们排练的地方，光洁的地板上整齐地摆放着老师提前备好的海绵垫。待老师示范几遍动作，细说了几遍动作要领后，就轮到我们几个"轻装上阵"了。

音乐响起，曲调悠扬的伴奏配合着她圆润柔美的声音在耳际回荡，就像窗外被余晖浸润，泛着橘橙色光晕的云团，绵绵的，柔柔的，让人倍觉舒适和惬意。很快，我们几个就进入了状态。

其间，有一个两式一组的动作难度系数偏高，对毫无舞学功底的我们来说着实是力不从心，任我们试了好几遍也没能成功。见此状况，她把我们叫了过去，而后便没有说话了。看着她微微蹙起的眉头，我心想："完了，老师生气了。"没曾想，她竟对我们说："呼！是我的设计上欠缺了，这组动作太难，不适合你们。刚才，没有弄疼你们吧？"低下的头纷纷扬起，微微泛红的小脸儿透着水润。许是承受不起老师那盛满歉意和真挚的眼神，我们急忙答道："没事，没事，老师，我们继续。"

最后，老师把这组动作换成了一组三式一系的假动作，后来听她说，这是她以前比赛惯用的动作。若是从四米开外的距离看过去，就如同一个上仰式的倒弯腰，能给观众一种高难度的错觉，肯定是一个争分亮点。她说这话的时候，活像一个做了好事讨巧的孩子，她鲜有得意的神情让人忍不住亲上一口，给人一种耳目一新的靓丽和可爱。

可爱如斯而又聪颖如斯，让我倍觉亲切。

此后，我们也就更加刻苦地排练了。但是，当我们信心满满，万事俱备只欠赛时来临的时候，学校又公布了新的规定："比赛时，教师一律不准给予学生任何形式的帮助！"待老师说完，我们几个霎时瞳眸一顿。你望着我，我望着你，而后又不约而同地望向她。

可她却是将目光转向了我，说："丹丹，你的嗓音更适合，那，朗诵绘景的部分就由你来完成吧。"脑袋"嗡"的一声，我立马站得笔直，我想说："老

师,我不行的。"想说的话却在看到她眼中满满的信任与笑意时,生生地被咽在了喉间,头不自觉地向下轻点。

此时,离比赛只剩下三天的时间。我必须在此之前熟练地做到一边绘述一边完成动作。可原本娴熟的动作却不再流畅,甚至还会因忘词而中断。神经越绷越紧,汗水越浸越多,动作越来越僵硬。任我如何尝试,一遍又一遍,失败,还是失败。直至,我开始气馁,开始懊恼着自己的愚笨,也不敢再去看她的脸。

见状,她先是让其他小伙伴去楼下小院,而后不紧不慢地走向我。或许是仅剩两个人的空间不再那么压抑,或许是被她轻缓的脚步所吸引,我又看向了她。阳光洒在老师身上并不刺眼,在她素白的衣服上泛着柔和的红色光晕,使她宛若上帝派来给我救赎的女神。其实,老师的个子并不高,可此刻却显得那么高大。我站起身,注视着她的眼睛,本应带着失望的神情却依旧带着淡淡的笑容。看着她,心莫名地不再彷徨,不再慌乱,取而代之的是满满的心安。

然后,老师把绘景词逐词逐句地划分了节奏和重点,教我如何发音,如何平稳自己的气息。她一手拿着稿纸一手轻贴在我的背上。当掌心的触感逐渐从背上传入体内,心里忍不住一阵悸动,又是欣喜又是紧张。一种微妙的感觉从心里蔓延到全身,让我越发地专注她的动作和神情。只见她的脸上始终挂着浅浅的微笑,仿佛有用不完的耐心。

时间一点点流逝,直到临近黄昏时窗外下起了雨。当我们从楼上下来的时候,几个小伙伴早就吃着水果玩得不亦乐乎了。下了雨,老师说怕路上不安全,让我们在她的家里吃完饭再送我们回去。于是,我们便在她家的小院玩起了游戏。

记忆中的浮尘早已落定,我们夺得了竞赛的第一名。从评委老师的点评中,我们得知,正是老师的那组假动作在比赛中发挥了举足轻重的作用。

待·长成

一日为师，终身如是。浮云一别，我和老师的情谊便从师生情谊升华为人生情谊。回到母校，看到老师上课依旧是一副不苟言笑的模样，我却是笑了。课毕，又是一群稚小的孩子从教室走出，神采奕奕的，很小、很萌。看着他们，心里不禁感叹：原来，那时的我是那么小啊……虽然我现在的个子也不高。她也曾跟我说：丹丹啊，其实啊，我小时候也就是你小时候那般样子呢。那时候看着矮矮小小的你，就老是想起我自己……听着这话，心底又是一阵暖意。

亲切如斯，足以让我永生难忘。

雨歇，氤氲的水汽在阳光的照射下变得更加亮丽。收起伞，站在亭边，望着有你的方向，不禁又想起你淡然的笑靥，载着温暖的回忆，我，继续前行。

霜枝几许花

谢津蕾　优秀奖，2016年高三（22）班

指导老师：康金平

她在书桌前坐定，面前摊着一张白纸。

空白向来能够激起人们的想象，那是万物的底色，是众生的源头。

握在手中的笔蠢蠢欲动，它在等待一场笔尖画出的世界变幻。她却选择将其顿于空中，将往昔的怀念拉扯成一场悬而不决的风暴。

那终将洗礼尘嚣。她想。

她自然大可信马由缰地下笔，抛却心中的忐忑与迟疑，随手涂鸦。楼角初消的烟霞、满天星子静默，亦或芸芸众生百态世相，它们都可透出那份信笔的洒脱，让这场雷鸣风啸更像模像样。

可是她不。她伸手轻轻将尚未成形的雨雾拭去，只留下一轮遥远太阳宽和地普照。

她只想让自己所有坦诚的敬重付诸笔端，去画一个人，一个普通人。

有个小小的身影从那片空白中走出来。孩子的身形比同龄人瘦小些，犹豫着，还是怯生生地拉了一下她的衣角。

其实她想画的并非这个孩子，孩子只是无意中从记忆彼岸深水跋涉而来，只为给她带来一声叹息。

她看着孩子拘束地坐在破旧的书桌前，视角再拉远一点，便可以看到一位老先生从容地踏着窗外的阳光走进教室。老先生将一叠作文本放在教桌上，像小小城堡般。不知何种世俗繁芜压着他，平常他的背脊有些弯，但等到在讲桌前站定，竟下意识挺直了。

老先生的声音是温和的，将2月的春风淌进窗外闪烁的水波中："作文我都认真看了，同学们第一次写，都写得不错，尤其有几个同学……"

她清晰地看到孩子的眉角惊诧地上扬，最后凝在一个欣悦的弧度上。孩子涨红了脸，攥着自己最高分的作文本，觉得自己简直是个骄傲的气球。

作文本上的字迹七扭八歪，她几乎可以想象当年老先生是怎样扶一扶老花镜，眯起眼睛凑前了才吃力地辨认出每一个字。

那些稚嫩笔迹渐渐淡了，淡了，终成了她画笔下一个影影绰绰的轮廓。

当这抹人影放下红笔时，流转的夕阳也早被敛进夜的束口袋中，与群山万壑一齐斩灭于月的镰刃下。

老先生刚锁上办公室的木门，便见夜色模糊地吐出一个小小影子。

那影子急急地奔赴到他的面前。

老先生略吃一惊："……怎么？落了东西？"

孩子低头抿着唇，这个生性羞涩惧怕与人交流的孩子，半天才艰难地吐出字词："作文……本。"像是难为情，声音更低了，"家人……看。"

天真的孩童将大人间的玩笑当了真，悄悄跑出来欲拽住这与他人分享的欢乐的小尾巴——老先生似乎明了，当真开门翻找起来。

作文本上又多了足足一面的长评。

老先生用树皮般苍老粗糙的手轻抚一下孩子的小脑袋："你很有想象力，写得很好。"

"谢、谢老师！"孩子激动地将一句话讲得磕磕绊绊。

"每次你都交得最齐，写得很多，这很好。"

其时孩子的语言表达尚在吃了蜜一样甜的水准上，她手足无措地感到这蜜仿佛要溶进明日朝霞，洒得大地一片赤诚的金黄，铺天盖地都是欢喜。于是她不知哪儿来的勇气，没头没脑地说："老师……我喜书。这个作业写起来，很开心。"

说完孩子忐忑地等了一会儿老师的反应，才听得老先生一声叹气："这样是好的，是好的。但当你写着言不由衷的时候，别忘了心中所想。"

孩子不明白老师为什么要叹气。

老先生说这话时是真切的。然而孩子还太小，未能嚼透这句话背后一名师长亦是一位学者的苦心与忠告，孩子只能似知非知地点头，将话默默记在心上。

后来孩子总是趴在桌上一声不吭地写字。别人一页便足以交簿，孩子总要交上四五页。那些内容大多天马行空不知因果所云，但老先生全都一字一句修改，将长长的批语写在分数后。

直到孩子少年之际再度翻开那些落满灰尘的作业簿，才惊觉了老先生的用心与宽厚——那些啰唆的语句全然不合应试教育的标准，只有老先生一直仔细对待一个孩子无知的梦，让其得以在自己的小小世界跑远了些。

老先生何许人也？孩子不清楚，只隐约听大人们的口耳相传，老先生年轻时便很有才学，然生不逢时，在那个年代遭了极大的苦。最终回到这里，日日对着尘土飞扬的黄沙操场与颓圮土墙，在一片乡音中耐心吟诵诗词。

偶尔孩子在周遭逗留玩闹，能看到空荡校园唯老先生办公室亮着惨白灯光。孩子跑到门口，却不知该说些什么。

"怎么？你又来拿作文？"倒是老先生先发现了门口小心翼翼的孩子。

腼腆的学生摇摇头，鼓起勇气："这么晚了，老师……您，您不回家？"

倾覆的天色悬在他们的头顶。

"还有你的作文未改完。"

一瞬间孩子露出了窘迫的神色，觉得自己似乎做错了事。幸而老先生接下来的温和宽慰了孩子："没事的，都要这么晚。你回去吧，路上小心点。"

孩子"哦"了一声，慢慢退出了办公室。

突然身后那声音再度响起："你挺直了背，抬头走。"

白昼这方船已经翻进了无尽的深渊，月华初升，明明一切皆静默，孩子却觉雷鸣电闪滔天浪起。这雷霆让孩子不禁愣在原地。

孩子向来都只盯着鞋尖低头走，如同在怯懦地保护自己。从来没有人对孩子说过，你要抬起头来走。

尘世间的声响在此刻近了孩子的身，但很快又被那种醍醐灌顶的醒悟蚕食鲸吞。原来那些不明其意胡乱背下的诗句是这样的："吾养吾浩然之气""蓬莱文章建安骨"……它们是挺直的脊背，是直视的前方，是皑皑白雪中依旧矢志不渝的红艳。

孩子第一次发现原来那些唇齿相碰，钩点撇捺是可以融入血肉中，将初生的种子潜藏，等待一朝的抽枝吐蕊。

那些都曾是老师教授的。

孩子猛地回头，老先生依旧伏身书写着。那个佝偻背影，看上去如同漫漫长夜中点灯的白发苍苍的守夜人，孤独地守望光明的到来。

日后的很长一段时间，她都能想起这个场景。这场景是一个长镜头，经许多细节填补、美化，以至于她一直遗憾当时未能鞠躬以谢这份无法以物衡量的教诲，未能亲口道一句：承蒙教导，不胜感激。

她终于停下了手中的画笔。

白纸不再是白纸，上面画有一手持长卷仙风道骨的老人，像彬彬有礼的儒士，像民国时温文博学的文人。但她看了很久，觉得那应是一位乡野的普通教师，日夜奔走于破旧的校舍、教学楼间，认真教学，未曾获取何等为人津津乐道的成就，却终是桃李不言，下自成蹊。

一如画面中老先生身后的一株霜枝，临寒不惧，傲然而立，虽枯槁，虽处境不佳，但仍绽着艳人的花朵，灼灼其华。

她盯着那幅画许久，抬笔在空白处郑重其事地写下：深恩未敢忘，永志存吾心。

难忘,那些年,那个人

钟史华　优秀奖,2016年秋高三(18)班

指导老师:沈训文

"长亭外,古道边,芳草碧连天……"这是我们分别那个夏天老刘教我的歌。如今,八年就要过去了,可我依旧能清晰地哼出那熟悉的旋律,这歌声,总是回荡耳边,铭刻心中,纵然时光飞逝,我也难以忘记那些年,以及那个人——我的恩师,老刘。

老刘是我从学前班到四年级的语文老师兼班主任,村里人都管他叫老刘。老刘教我们时将近耳顺之年,为人慈祥。他总是戴一副金边眼镜,爱穿白色上衣和一条略显肥大的长裤。他没事时总爱咧嘴冲我们笑,露出一排白中泛黄的牙齿。而我们课下没事时也总爱跟在他后面叫他老刘,每当这时,他总是笑着答应,我猜他那时肯定在想:唉,这群淘气的小毛孩!可上课时,我们一个个却又都正襟危坐,尊敬地叫他刘老师。老刘教我们语文,上课时操着一口方言版的普通话,有着一种独特的韵味,那是只有老刘才有的"韵味"。也许是跟老刘待久了,我也沾上了一股老刘的韵味。现在每当有同学煞费苦心地纠正我的不标准的普通话时,我都会想起老刘,想起那些年月中难忘的师生情谊。

记得那时,我们总爱在课间闯进他的办公室,对他办公室里的一切都充满好奇心的我们东找找,西翻翻,而他也并不生气,总是一脸无奈地耸耸肩说:看你们能翻出什么花样。而我最爱捣鼓他的金边眼镜,我戴上它,站在镜子前看啊看,觉得自己真是酷毙了。而老刘这时一定会从背后悄悄地一下子"抢"走它,以身高的优势居高临下地望着我。他也总是前一秒还为我天真滑稽的模样笑得前仰后合，后一秒又一本正经地对我叮嘱：一定要保护好眼睛啊，这玩意可不是什么好东西。他秒变的神情，甚是好笑。原来，老刘虽老，但童心未泯。我真是怀念在老刘的办公室里"闯荡"的时光，那些有趣的事情，一时半会儿还真细说不完。在那里，他就是我的玩伴，陪我打发了许多无聊的时间。

在我的记忆中，刘老师除了是玩伴，更是我们的大家长。课上，我们是师生，一起学习；课后，他却更像是我的亲人，陪我学习生活。那时，因为家远，我们大多中午并不在家里吃饭，而是要自己在家里准备好中午的"干粮"，中午得在学校厨房热饭。所以，"一担柴火"便成了我们每学期必交的学费。我和老刘家离得近，当我开学前去山上筹备"学费"时，也常常碰到老刘为家中捡拾柴火。这时，他总像一个"父亲"一样教我捆扎柴火的诀窍，又二话不说替我扛回家中，老刘，是我可以依靠的一座大山。都说农村的孩子早当家，中午时，我们常常是自己热饭吃，可那时我们小小的身躯终究难以很好地操控那沉重的锅铲和触及那高大的灶台啊！于是，得空时，老刘又化身母亲，跑来厨房帮我们。平常宠溺我时，他又是"爷爷"；帮我"教训"欺负我的淘气男生时，他又像是我的"哥哥"……他，就是我的亲人！

幼时的教育，会影响人的一生。老刘能成为我的启蒙老师，真是我之幸！汶川大地震那年，全国人民都沉浸在悲痛氛围之中。一方有难，八方支援，我们这小村庄的学校也以捐款方式参与到声势浩大的救灾之中。老刘工资虽微薄，却还是带头捐了100元，紧接着，一双双稚嫩的小手都争先恐后地把自己留了许久的"压岁钱"塞进捐款箱中。我家很穷，那时只有5毛钱的我排在最后，我不安地把钱塞进捐款箱的那一刻，一抬头，就撞上老刘的目光，目光中充满着鼓励，我心中的不安也随之消失。升旗鸣笛默哀时，老刘的眼睛里又饱含隐忍着的泪花，饱含着对生命逝去的惋惜。在我懵懂无知的年纪，是老刘教会我爱，要用大爱之心去帮助素不相识的人们。老刘，铁血柔情的汉子，我的灵魂导师。

我们村子里的学校规模很小,我所处的年级只有20人左右,全校学生人数也未曾过百。土砖墙,瓦片屋顶的四间矮小的教室,几间狭小的教师办公室,仅能容纳百来个人做操的操场,几乎是我对母校的全部印象。而这个地方,是老刘坚守了一生的地方。老刘的教学成绩在乡里向来数一数二,可他却不知拒绝了多少次条件优越的乡镇小学的邀请。没有谁生来喜爱过苦日子,可除了老刘,还有谁愿意留下呢?村里每年都会有新教师来农村锻炼,可期限一满,他们终归是会离开的。只有老刘,用了一辈子,坚守在这个村庄,坚守在他热爱的岗位——乡村教师。老刘,我心中坚守的巨人啊!

结束了四年级的学业之后,我便去了镇上的小学就读五年级,而他,却继续坚守在那儿。分别之际,他教给我们最后一首歌——《送别》。"长亭外,古道边,芳草碧连天……"歌曲有终,而情无尽。老刘,吾之师,吾之伴,吾之亲人,我永远想念您!

"天之涯,地之角,知交半零落……"刘老师,我的恩师,无论我走得多远,我也难以忘记您!

啊,难忘,那些年,那个人。

那个被风吹过的夏天，她来过

吴瑞红　新蕾奖，2016年秋高一（16）班

指导老师：刘文华

那个被风吹过的夏天，那个飘着淡淡花香的夏天，那个充盈着淡淡忧伤的夏天，她就那样从我的心头掠过，带起一阵风，然后什么也没留下。

那天，再回到那个学校，我似乎又看见她了。

是的，我似乎又看见她在校园里晨跑。那天清晨的风，似乎格外凉爽，风吹过她的耳畔，她的齐肩短发也随风飘动着。她从我身边跑过，总会带起一阵淡淡的清香，那或许是夏天独有的味道，她，是学校最独特的风景。

我一声不吭地走着，双眼目视着前方，想就这样直接躲过她。可越是接近她，心里就越慌，于是，我忍不住用眼角的余光看她，求她千万不要让我离她太近……

她热爱心理学，早就能通过一个人的眼睛洞悉一切，更何况，我在她面前，好像从来都是透明的。

我慢慢地离她越来越近了，但她跑到我身边的时候，似乎没有看见我，直接往前跑了。我心道终于躲过一劫，不用纠结怎么去敷衍她了。

时间过了1秒，2秒，3秒……她像一个鬼魂一样飘到了我身边，然后直勾勾地看着我的眼睛，眉头微微一皱，但还是笑着跟我打招呼："早上好！我很透明吗？我都看见你了哎！嗯，又是第一个到，比昨天还早3分钟！哈哈哈哈哈……"她带着一串银铃般的笑声扬长而去，门卫叔叔又像往常一样从门缝里探出半个脑袋……

  我仍然没有理会她,只是依旧觉得她很讨人厌。"我早到晚到关你什么事?要你管!最好不要跟我说话!每次都像个傻子一样,每次都喜欢让别人多给我们一个目光,那样真的好吗?"我心道。

  清晨的风吹过,吹不走我心头对她的厌恶。

  事情还要追溯到三个月前的那一天,我定的闹钟突然坏掉了,学校8点20上课,我睡到8点半。等我急匆匆地赶到学校的时候,已经上第二节课了。我奋力地向前奔跑着,离教室还有20米远的时候,我发现教室没有了往常的读书声,教室外站了一排人。他们虽然个个都低着头,但我还是可以看得出他们眼神里透射出一抹足以把地板射穿的光。表面看起来,的确会让人觉得他们似乎犯下了弥天大错,但那的确只是表面现象。

  我不知道他们在干什么,以为他们又是没有做完作业而被罚站的,所以便扭头冲进教室。前脚刚踏进教室就感觉有什么不对劲,教室里静得连根针掉在地上都能听见。我赶紧回头看一下教室的牌标……一排的一个同学轻声地跟我说:"你还是出去吧,就差你了……"我在教室门口呆站了几秒钟,然后快速地回到自己的位置上,将自己的书包放好,慢跑着出了教室。刚到教室门口,我就发现她用那种类似野兽的目光盯着我。我弱弱地低下头,慢慢地走到她面前。她好像在努力控制着自己的情绪:"老实站到那边去,和他们一起!"

  我从她面前轻轻地走了过去,也像他们一样,低着头。接着,她像一个沉睡了千年的火山口,忽然爆发了。在一个本来就不大的校园里,回荡着她的叱骂声。但是,低着头的我,好像觉得这件事无关痛痒,不就是迟到一次吗?用得着发这么大火吗?我第一次迟到好不好?于是,手就一直乱动,一下子拨弄口袋,一下子抓头发……

  毫无征兆地,一记重重的耳光落在了我的脸上,清脆而响亮,似乎取代了她之前的叱骂声。许久,我的耳朵旁边仍飘荡着嗡嗡的响声,几颗滚烫的泪珠滑过我的脸颊,垂直落到地面上,然后扩散开来……她扯着我的胳膊,更大声地说:"全班就你们这些人最懒散,尤其是你!去,都给我滚到下面,给我跑 20 圈再滚上来！"

夏天的风吹过，却始终带不走心头的燥热。

他们每个人都跑了 20 圈，跑完后就直接倒下了。唯有我，非要倔强地多跑 3 圈。然后面红耳赤，任汗水浸透自己头天晚上精心挑选的白衬衫。我一边大口地喘着粗气，一边拖着被掏空的身体向教室走去。终于到了教室门口，我有气无力地喊了一声"报告"就直接倒下了。

后来同学告诉我，那天她被吓得脸色惨白，一看见我快要倒下了就跑过来扶我，连书掉在地上都不管。我呵一声，说道："是吗？"她打我，惩罚我的时候怎么不想想我的感受呢？为什么要打我？不知道那一耳光给我造成了多大的伤害吗？为什么不先考虑后果？我心里想着，但是谁也不知道我心里想的是什么。我知道那件事的确是我的错，我可以接受惩罚，但她不可以动手。我也已经知道，她在我心里尚存的好感已消失殆尽了，其实我也曾想过，她以前也是真的没怎么亏待过我，想过自己这样是不是特别没心没肺，想过自己是否真的该放下对她的记恨与不满……

夏天的风吹过，裹挟着淡淡的忧伤，吹过我的心头。

我是她的课代表，所以跟她接触的时间自然是比较多的。可能只是因为我是她的课代表吧，她好像每次都想跟我多说几句话，可是好像每次都被我无情地拒绝了，然后留下了她落寞的目光，目送我的背影渐行渐远。每次我一交完作业就匆匆离开，仅留下独自黯然神伤的她。是的，我已经在有意无意地避着她了。

那件事发生的第 26 天，她在班里表扬我了，说我学习又进步了，还奖了一个笔记本给我，并且，全班只有我一个人有。我大步流星地走上讲台，有些不情愿地接过她递给我的那本笔记本，她，也仍然只是对我微微一笑。

那天中午，我给自己放了个假，允许自己在午休的时候去校园里那棵最大的桂花树下享受美好的午休时光，但并不是为了庆祝。

没有人知道我会去那里。但是，当我满心欢喜地仰望着天空的时候，她

来了。我不想看见她,甚至想飞着离开那个地方。我用不满的眼神看着她,而她,好像也明白了什么,眼神也变得暗淡无光起来。然后,我们彼此都没有说话,就那样,轻轻地,擦肩而过。

后来,我很少见到她笑,然而却可以在每天早上都看见她微笑着晨跑。每次我的作业本发下来之后,都一定会有大量的红色字迹,而别的同学作业本上却没有……是我夺去了她的笑容!原来她如此关心我、在意我,而我却一次又一次地将她的关心化成风……除了她,或许没有老师会在被学生一次又一次拒绝的情况下,一次又一次地关心我;除了她,或许没有人会接受我无数次的冷落。毕竟我也只是以一个学生的身份出现在她的眼里,她也只是以一个老师的身份出现在我的生命里。我们都只是彼此生命中的过客而已,她有她的方向,我也有我的目标,她没必要总是在乎我,毕竟,我们彼此谁也不亏欠谁。

入夜的闷热开始渗进皮肤。她开始肆无忌惮地闯进我的梦里。我梦见自己和她一同坐在那棵最大的桂花树下,一起看风景,一起抬头仰望着天,有说有笑……是的,梦告诉我,其实自己早就不在乎之前的那件事了。

我开始跟她聊天,讲很多有趣的故事,然后一起开心地笑……我很清楚地察觉到,她开始变得开朗起来,笑的时候,又发出银铃般的笑声了,她又开始主动和别人聊天了,她又开始变得走路带风、说话带劲儿了……

有一天中午,我去她的办公室找她,她不在。几平方米的办公室里只有与她同住的另一个任课老师,我几乎没有跟她讲过话。我静静地走到她的桌前,轻声问道:"老师,您有没有看见这里的另一个老师?我有事找她……""这样啊,我也没有看见她,不然你去她房间找一下她吧!"

听罢,我飞奔着去她房间找她。可是,映入我眼帘的,是紧锁的房门。

夏天的风吹过,吹不走我心头的落寞。

这或许就是她当初的感觉吧,我想。

第二天中午,我去她的办公室搬作业,发现桌子上的东西异常整齐……第三天,第四天,第五天……我再也没有在这狭小的校园里遇见她,她已经有一

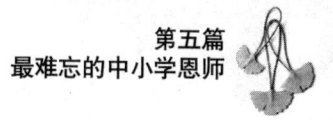

第五篇
最难忘的中小学恩师

个礼拜没有回来上课了。我心中不免泛起波澜……

"哎，你知道吗？大家都说'东方教主'走了唉！不过，好像还会来个更厉害的'东方教主'上位。听说是省级的高级教师呢！"同桌忽然跟我提起我心里最不愿被提起的事。只要一天没有确定她真的走了，那她肯定还会再回来！

教室渐渐安静下来，随后，一个瘦瘦高高，有着飘逸长发的女教师走了进来："同学们好！从现在开始，我来接管你们班……"不，我的班主任只有她一个，无论谁都无法取代！我鼻子一酸，任泪水肆意地流着，同桌向我投来不解的目光……

我仍然是课代表。交作业的时间，我换成了下午。后来，那个新来的班主任给了我一个小本子，然后说："这个，我猜应该是留给你的吧。她对你真好！现在她离职了，你更要加油啊……"

我去到那棵桂花树下，仿佛她又在我的身边了，我感受到了那种有说有笑的氛围……她就那么走了，连一句告别的话也没有，只留下黯然神伤的我……

午夜，我拿出那个小本子，一字一句地，仔仔细细地看着她写下的每一个字。那里面的第一页只写了几个字：给一个倔强的孩子，我的课代表。后面的竟然全都是日记，看日记的内容，应该是从我被罚跑的那一天开始记录的：你个小气鬼啊！我那个时候只是在气头上，下手重了点儿……其实你不用多跑三圈的，你们跑完的时候，看见你们那样，我也很心痛啊！呵，那天你着实把我吓惨了呢！……

我翻出当初被我塞到抽屉的那个笔记本，一页一页地翻开，翻到中间，竟然是有关于我的照片：我第一次站在领奖台上开心地笑，我第一次坐在那棵桂花树下独自伤心地流泪，我第一次抱着一大堆作业本走出办公室，我第一次帮忙出黑板报……每一张照片下面都写了很多字……对于这个没有告别的离别，我不禁潸然泪下，就连心，也在流泪。我脑海中不断浮现着与她在一起的

229

一幕幕，浮现着自己当初对她的冷落……

我再一次回到那个学校，一切还是原来的模样，只是少了她的存在。

那个夏天，风悄悄地吹过，裹挟着淡淡的花香。我仿佛又看见了她。夏天在我心里，充满着薄荷般的清凉，又像她飘过的，带着淡淡的花香，带着淡淡的忧伤，带着淡淡的被风吹过的夏天的味道。

第六篇

情爱深深
——寄语"振荣杯"和"远谱杯"作文大赛

学而不厌，诲人不倦，福泽学子

在兴国平川中学首届"振荣杯"作文大赛颁奖仪式上的讲话

王炳华　时任兴国平川中学校长

尊敬的黄振荣老师、陈祖林先生，尊敬的各位领导、各位嘉宾，老师们，同学们，大家好！

今天我们齐聚在这里，隆重举行兴国平川中学首届"振荣杯"作文大赛颁奖仪式。我代表学校向慷慨捐资支持我校教育教学工作的校友陈祖林先生表示衷心的感谢，向首届"振荣杯"作文大赛获奖学生和老师表示热烈的祝贺，向莅临颁奖仪式的各位领导、嘉宾表示热烈的欢迎和衷心的感谢！

陈祖林先生是我校1985年初中毕业生、1988年高中毕业生，是我校的优秀校友、国内企业经营管理权威专家，现任广州零牌企业管理顾问有限公司总经理、华南理工大学工商管理学院EDP特聘教授。2015年10月，陈祖林先生决定在母校设立"振荣杯""远谱杯"作文大赛，初定为期10年。捐设作文大赛的初衷，一是感恩母校，感恩恩师；二是引领平川学子重视国学，重视阅读，重视写作。首届"振荣杯"作文大赛《刻骨铭心的求学一二事》为主题，已于2015年底圆满完成了各项工作。

"振荣杯"之"振荣"取自曾经任教兴国平川中学的优秀语文教师、优秀班主任黄振荣老师的名字。黄振荣老师是兴国平川中学众多教师的杰出代表之一，其学而不厌、诲人不倦的精神福泽一届又一届的平川学子。以黄振荣老师的名字来命名作文大赛表达了平川学子对母校教师的感恩和敬意！

同学们！"振荣杯"作文大赛的设立为我们搭建起了语文学习的平台。希

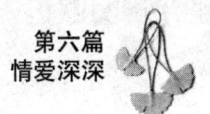

望同学们多读多写多思考,用阅读来丰富自己,用写作来充实自己,用思考来完善自己;希望同学们以优秀校友为榜样,刻苦学习,尊敬老师,感恩母校,感恩家乡,以优异的成绩回报社会,回报国家和人民!

一路前行尽阳光，心如玫瑰自芬芳

在首届"振荣杯"作文大赛颁奖大会上的讲话

黄振荣　兴国平川中学退休教师

各位领导、老师、嘉宾和同学们，大家好！

今天，我坐在主席台上，实在是心神不定、方寸难安。因为，在平川中学过去和现在的所有老师当中，数我学识最浅、水平最低，能力最差、成绩最少。而今天作文大赛的奖杯却冠以我的名字，对于一个无能之辈、庸碌之徒，受此殊荣，真是无颜面对、羞愧难当。这并非我沽名好胜，实属盛情难却，请大家理解、原谅。

奖杯捐设者陈祖林同学一再强调，奖杯之名是一个名称、一种符号，它承载的是"传道、授业、解惑"的师道光辉，凝聚着珍贵的师生情谊，代表的是诸多优秀园丁的缩影，企求的是博爱、奉献和卓越的进取精神。

"振荣杯"含有多元因素，富有群体意识，更具有长远企盼：盼望全体平川学子都能博学多才，勇攀成功的巅峰，书写金牌简历，缔造辉煌人生，实现美好理想。这次作文既是"大赛"，也是"感恩"；既"由此"，更"及彼"；既立足当前，更放眼未来。所以，奖杯是荣誉，是动力，更是沉甸甸的厚望。

"振荣杯"捐设者的初衷，是想通过这一形式向母校、向老师敬献一份感恩之情。同时，借此举措，影响和带动更多的平川学子今后能在不同的时间、以不同的方式向母校增资添力，向老师报本酬恩，向同学援手相助，使母校英姿更具时代风采，使师生情谊更加温馨甜蜜，使校友文化更加多彩多姿。

"振荣杯"捐设者之所以选定作文大赛的感恩方式，目的是鼓励、引导、督促更多的平川学子平时能更自觉、更认真、更广泛、更深入地学习研究博大精深的中华国学，逐步养成读书习惯，吸取文化精华，提升人文气质，弘扬中华美德，树立爱国情怀，提高写作水平。从而使自己手中这支笔，不断成为匕首，成为利剑，成为号角，成为警钟；使自己的作品内容更加健康，更加精彩，更加富有精神养料；使更多的平川学子，将来能成为近代的"鲁迅"、当今的"莫言"、中国式的"奥斯特洛夫斯基"；使文学这块园地，更加欣欣向荣，更加百花齐放，更加绚丽多姿且芳香四溢。

今天，兴国平川中学首届"振荣杯"作文大赛即将圆满结束，我想再次强调的是：捐设者确定，经学校同意，将"振荣杯""远谱杯"两个杯名隔年交替使用，连续10年进行这样的作文大赛。这是一项奖学促学的系统工程，10年，将有数万人参赛，几百人获奖，其意义无限深远，其影响十分广泛，其效果无法估量。对于捐设者陈祖林先生，这种一贯尊师爱校、无私奉献的感恩精神，已经实实在在地成为大家学习的标杆、楷模、典范。

此次作文大赛进一步激发了同学们的写作热情，提高了写作水平，初步形成了自觉学习、研究国学的良好风气，培养了勇于拼搏的进取精神，播下了感恩的良种，书写了一份校园才子的精美华章。此时此刻，我相信，有不少的平川学子在暗下决心、内定目标，立下"不拿到奖杯决不罢休"的誓言。同学们，王炳华校长曾经这样表述过：平川中学首届"振荣杯"作文大赛已落下帷幕，这不是结束，而是一个开始，这个舞台，将长期存在。这就给大家施展才华提供了更多的机会。只要大家努力拼搏，不断进取，今后，站在领奖台上高高举起奖杯的必定是你！

通过这次作文大赛，使我们更清楚地认识到"施恩不念，受恩不忘"。把"恩"字刻在心里，并将"涌泉相报"。正如这次作文大赛一等奖获得者邹秦辉同学在作品中提到的最简单、最响亮、最感动的两个词，就是"感恩"与"怀念"。我认为，只有经常"怀念"，才能促成"感恩"，只有实践"感恩"，才能提升"怀念"。在这里，使我想起了入围奖获得者钟婷同学的一句肺腑之

言：师恩难忘于心。

通过这次作文大赛，我们更深刻地理解到：感恩是一种精神境界，是人生修养，是处世智慧，更是中华美德；感恩，是动力之源，爱心之根，勇气之本；感恩，不论能力大小，不分时间先后，不拘形式如何；感恩，应进入心灵，并付诸行动。只有心存感恩，才能励志前行；只有学会感恩，才能成就人生。今天，如果你认知感恩，理解感恩，并决心感恩，那么你的人生必将是：一路前行尽阳光，心如玫瑰自芬芳。

通过这次作文大赛，我相信，今后有更多的平川学子将以实际行动加入到这一感恩行列中来，在平川中学的功德碑上留下芳名。

今天，我要向学校领导、老师和相关人员表示衷心的感谢。感谢大家对首届"振荣杯"作文大赛给予的重视、支持、操劳和付出。整个活动有组织、有领导，有计划、有措施，有主题、有要求、有筛选，有总体、有分工、有合作，有分有合、有规有序、有声有色，尽责尽行、公平公正，扎扎实实，圆满成功。尤其是今天的颁奖大会，十分隆重、非常精彩，很有特色、富有诗意，给人以启迪、鼓舞和教育，使人在脑海心田留下刻骨铭心的记忆。总之，这次活动，开创了先河，办出了高水平，彰显了平川中学工作中分工与合作的团队精神、勇于开拓的创新精神、高度负责的务实精神。

现在，我怀着十分喜悦的心情，向首届"振荣杯"作文大赛的获奖同学表示热烈的祝贺，祝贺你们妙笔生花、奇文得胜，希望你们再接再厉，再创辉煌。

兴国平川中学是全县人民公认的一座最漂亮的校园，这里的领导、老师是最优秀的园丁，这里的学生是最茁壮的幼苗。只要大家发挥优势，齐心协力，攻坚克难，就一定会：天天开鲜花，月月结硕果，年年大丰收！

最后，恭祝大家：成功相伴，好运相随，幸福永驻！

2016 年 3 月 5 日

谁言寸草心，报得三春晖

——从我的两个人生意外谈起

陈祖林　兴国平川中学1988届校友

敬爱的老师、亲爱的同学们、各位校友和嘉宾，大家好。

非常荣幸，我作为曾经的平川学子、作为黄振荣老师的历届学生代表，能有机会向母校平川中学，向无数普普通通、默默无闻地奉献在三尺讲台的老师们表达敬意。

母校情缘，带给我两个人生意外

1986年春天，在我面临文理分科选择的时候，父亲对我说：祖林，我们是农村孩子，靠技术吃饭。于是，喜欢舞文弄墨的我选择了读理科，后来考上了华中理工大学动力工程系。2001年，在大学毕业9年之后，我毅然辞去了外资企业的高管职务，开启了职业培训师和职业顾问的创业道路。

回顾迈出平川校门的28年，我有两个意外：一是与语文（语言文字）结下了不解之缘，二是自己竟然做了老师。

关于第一点，就是：我成了语言文字工作者——语言表达是我的主要工作形式，和母校老师一样，我既是语音工作者，又是文字工作者。

而第二点——做老师，是我从小到大甚至在我辞职创业前的三个月都是万万没有想过的——那时的我并不喜欢"老师"这个职业，最终，却是"老师"这个岗位圆了我的人生之梦。

我对文字的感觉和喜好源于我的父亲——一位初二辍学的老平川学子，受

惠于初中班主任、教我们语文的黄振荣老师,还受到高中班主任、教我们物理的谢远谱老师的影响。而成为老师,则完全是一个意外,是偶然中的必然——中学老师们对我的影响在我心里埋下的种子,我竟然10多年浑然不知,却在3个月左右的时间突然发芽成长、破土而出。

今天,作为平川中学校友,作为黄振荣老师的历届学生代表,我们激动而满怀喜悦地参加兴国平川中学首届"振荣杯"作文大赛颁奖大会,我荣幸地作为代表上台发言,我要代表所有历届平川学子向母校兴国平川中学致以崇高的敬意!向所有在平川中学三尺讲台辛勤耕耘过和正在无私奉献的无数老师致以诚挚的感恩!

利用这个机会,平川中学1985届初三(1)班举办毕业30周年聚会,借用参加本次聚会的老同学们的掌声,我们向母校和老师们致谢!

"振荣杯"代表的不只是黄振荣老师,代表的是所有平川老师,让我大声念出部分老师的名字:陈郁斐,邱成义,周惠华,刘徽荣,肖百华,陈人丰,蔡秀琪,钟苏杰,黄高培,刘祚华,钟振荣……还有很多很多。

"振荣杯"的设立表明,老师们的平凡工作无上荣光,老师们的辛勤付出,学生们记得!师道光辉对同学们人生的积极影响,是老师们最大的社会价值。

发现·思考·表达,扩大人生半径

此刻,我还要作为师兄师姐代表向平川中学在校的师弟师妹们说几句话。

中学是人生最重要的成长阶段,观察、思考和表达,是品味生活、陶冶情操、提高生活质量的重要方面,在世界观、价值观和人生观的形成初期,希望同学们重视国学,重视阅读和写作。

第一是培养发现的眼睛。

记得在读初中的时候,有一次班会,黄振荣老师问我们:"同学们,大家知道我们在宿舍每天爬上爬下的两层楼梯有多少级台阶吗?"同学们一时语塞,但还是有一位同学答出来了。

"留心处处是美景，思考事事皆文章"，地球只有一个，不同的人看到不同的世界，培养发现的眼睛，才会产生思考和触动。两层楼梯有多少级台阶对于初中同学并不重要，用心观察、真切感悟才最重要，学习犹如爬楼梯，一级一级往上走，观察才能真实发现。

第二是培养思考的习惯。

同样一件事情，不同的角度看到不同的事实，不同的价值观得出不同的判断。多元价值观、多样世界观和多重人生观，是人生的三堂必修课。

美国童书出版人、《华尔街日报》儿童教育专栏作家三川玲认为：旅行——是一门无法替代的成长课程。她说的"旅行"，既包括身体的旅行，同时也包括心灵的旅行。身体的旅行当然是背包走天下、身心看世界；而心灵的旅行，则是通过阅读和思考，扩大心灵的半径，面对多样化的广阔世界和社会现实，能够提高思考的质量，激发人生正能量。

从一点一滴、一时一事中思考和发现，在咬文嚼字中觅出道理、悟出规律，观察和思考造就发现美的眼睛，培养勤于思考、善于琢磨的习惯，将为同学们后续的处世和立业奠定良好的基础。

第三是培养表达的能力。

有一篇网上很受欢迎、被广为分享的文章，标题是《语言和写作决定人生发展的潜力》，作者这样描述语言文字的重要性：语文的确是工具，但恰恰是这个工具，如果你掌握得好，那它可以给你打开很多很多大门，通向很多不同的世界。如果掌握得不好，就没有办法准确地表达自己，表达不出来就不能让别人领会你的意思，就没有办法做成自己想做的事情。

在某种意义上，我们每个人都是语言工作者和文字工作者。作者在分享了自己的诸多经历之后总结道："能够准确地表达自己并让别人明白你的意思，这件看来简单的事不是随便就能做到的。可以不夸张地说，在现代社会里，使用语言的能力在很大程度上能够决定一个人的发展潜力。"

"写作本身能够给人带来巨大的愉悦感。让人变得更精确，更注重细节，

更刨根问底,更真切地关注他人。写作可以把私人的记忆变成群体共享的身份认同,可以把会流走的过去变成凝固不变的历史。即便是非公共场合的写作,比如日常的邮件,如果能写得漂亮,也会让人很欣赏很感动。所有这些文字其实都不是浮于生活表面的薄薄的一张纸。"

"在我们生活的这个时代,可以不夸张地说,文字即是人的思想,是生活本身。"

中国文化博大精深,母校平川有深厚的国学底蕴,此次"振荣杯"作文竞赛,旨在引导在校平川学子重视国学,提高写作能力,培养写作习惯,陶冶高尚情操,为三年中学生活增添一抹绿色、一阵花香。

如今,我们已经从平川中学初中毕业 30 周年、高中毕业 27 周年,回首逝去的人生历程、回顾美好的青涩懵懂、情窦初开的中学韶华,不禁感慨万千,老师浇灌兴国桃李,母校恩泽平川学子,情深义重,谁言寸草心报得三春晖?

感恩老师!感恩母校!感谢如歌的中学生活。

师生情谊万古长青。平川中学万岁!

2016 年 3 月 5 日

点燃文学激情，放飞青春梦想

在首届"振荣杯"作文大赛颁奖仪式上的讲话

刘汉凌　兴国县人民政府教育督导室主任

草长莺飞二月天，拂堤杨柳醉春烟。今天，是农历正月二十七，是二十四节气中的"惊蛰"。谚语有云：春意浓，天气暖；惊雷响，万物长。惊蛰，标志着仲春时节的到来，是春耕的开始。在这个一年中极其重要的日子里，大家聚集在一起，隆重举行兴国平川中学首届"振荣杯"作文大赛颁奖仪式，也似一声春雷，昭示着一个新的春天的到来，具有特殊的意义。为此，我向获得首届"振荣杯"作文大赛奖励的各位老师和同学表示热烈的祝贺，希望你们在春天的怀抱中点燃文学激情，放飞青春梦想。

兴国平川中学自1923年创办至今，已历时90余载。90余年来，兴国平川中学为国家富强、民族复兴，为兴国振兴、家乡发展，培养了一大批人才。平川校友爱祖国，爱家乡，在各条战线上顽强拼搏，艰苦创业，为祖国和人民建功立业，为母校和家乡赢得了荣誉，在兴国的振兴和发展中发挥了各自的价值，为家乡的经济和社会发展做出了很大贡献。尤其值得称道的是，平川校友所具有的浓浓的平川情。优秀校友陈祖林先生慷慨设立的"振荣杯"作文大赛，一为感怀无数平川教师对平川学子的殷殷哺育，二为引导在校就读的平川学子珍惜宝贵的中学时光，重视国学，提高写作能力，熏陶高尚情操，其情殷殷，其意切切，其心拳拳，其意义是深远而重大的。

各位领导、各位嘉宾、各位校友，老师们，同学们！经济的发展靠科技，科技的进步靠人才，人才的培养靠教育。过去的90余年，兴国平川中学用自

己厚重、多元、包容、开放的思想和文化,在兴国教育发展史上书写下了浓墨重彩的篇章,成为兴国教育的一张亮丽名片。我们坚信,有党和政府的坚强领导,有各届校友、各界人士的悉心关怀,有全体师生的共同努力,兴国平川中学一定会发展得更快更强,兴国平川中学的明天一定会更加美好,更加辉煌!

2015 年 3 月 5 日

勤学努力，行效楷模

在兴国平川中学首届"远谱杯"作文大赛颁奖仪式上的讲话

郭声文　时任兴国县教育局党总支书记

桃李芬芳满乾坤，兴国教育又一春。今天大家欢聚一堂，隆重举行兴国平川中学首届"远谱杯"作文大赛颁奖仪式。本次大赛，成果丰硕，我谨代表兴国县教育局对此次大赛获奖的师生表示热烈的祝贺！

谢远谱老师是一位非常优秀的人民教师，是兴国教育界的楷模。从教数十年间，谢老师一直秉承"老老实实做人，踏踏实实做事"的人生格言，酷爱教育，乐于奉献，勤恳敬业，为兴国教育事业奉献了自己的一生，桃李遍九州，深受大家敬仰。

铭记师恩育英才，杰出校友建平台。为铭记恩师谆谆教诲，让广大学子惜光阴，倡国学，展文采，培养高尚的情操，陈祖林先生在母校设立"振荣杯""远谱杯"作文大赛，在兴国教育行业引起了较大的反响。在此，我代表兴国县教育局向谢远谱老师家属、陈祖林先生表示诚挚的感谢！

巍巍平川，一马当先。建校90余年来，兴国平川中学为海内外输送了数以万计的栋梁之材。造福家乡，滋润红土，为兴国教育事业做出了卓越贡献。2016年，平川中学高考更是成绩喜人，全面丰收，为建校以来之桂冠，创造了兴国教育新的辉煌。"远谱杯"作文大赛启动以来，兴国平川中学全校师生同心协力，共襄盛举。学校精心策划，教师认真组织，学生踊跃参与，"远谱杯"作文大赛已于2016年底圆满完成各项工作，今天进行隆重颁奖。

红土兴国，将军故里，人文荟萃，华章璀璨。众多文人贤达，在我们的红

土上留下了千古永存的名篇佳章，钟绍京、文天祥、萧华等，无不有佳作流传红土。前贤伟人妙手谱华章，砥砺铸辉煌。当代兴国后学更应志继前贤，奋起新航。本次作文大赛硕果累累，佳作连连，言身边事，铭恩师情，激发了莘莘学子的创作热情，这些潜在的文学种子已破土而出，我相信，有园丁的精心培养，他们将来定可成参天栋梁。

百年大计，教育为本，国家发展靠科技，科技创新靠人才，人才培养唯有教育。

希望大家以此为契机，学子们以文为笔，勤学努力，书写自己人生的华丽篇章；老师们行效楷模，精心耕耘，为国家、为社会、为家乡培养更多的栋梁之材；校友们再续前志，为家国做贡献，为社会创价值，为家乡赢荣誉。乘风破浪帆远航，齐力共铸新辉煌！

后 记

在路上,遇见最美的自己与风景

后　记

　　第一次跟着祖林老师回母校平川参加首届"振荣杯",看到第一本《兴国平川中学首届"振荣杯"作文大赛获奖作品集》汇编成书,我与同事及曾经的平川同学们第一反应都是:"哇,好棒!以前咋没有这样的作文大赛呢?如果有,当时的我们也一定会积极参与的,文字及语言能力肯定会大大提升……"

　　后来与同是平川校友,也是平川名师赖福生老师的孩子赖嵩(大家的"嵩哥")一起将首届大赛的颁奖仪式汇编成《回眸》(画册),看着一篇篇文章、一幅幅照片、一个个熟悉或陌生的老师面孔,满心欢喜,满心感动,深受鼓舞。

　　如今,大赛进行到第四年,"振荣杯"和"远谱杯"都分别办了两届,从第一次的只是参与见证,到今年与学弟学妹们分享自己从学生转变为社会人的心路历程;看着首届获奖的学生已步入大学殿堂,还一直持续关注着大赛的进行,并坦诚分享自己的大学时光,主动将大赛颁奖仪式汇编成《师恩难忘》的《回眸》;现在,汇聚首届"振荣杯"和"远谱杯"作文大赛优秀获奖作品的书稿即将出版,我也非常荣幸地担任本书主编……在此过程中亲历着同学们的成长与收获,更理解作文大赛的征文、评奖、汇编、颁奖、《回眸》、出书等一系列活动的价值与意义。

　　桃李无言,下自成蹊。祖林老师以非常平凡的两位老师的名字捐设作文

后 记
在路上，遇见最美的自己与风景

竞赛，借此表达对母校平川历代平凡教育工作者的感恩和敬意。"振荣杯"和"远谱杯"作文大赛一设10年（2015—2024年），大赛每年9月启动，10月实施，11月评选，12月公布获奖结果。次年1月编辑印刷优秀作品汇编，3月举行颁奖仪式，每两届正式出版一本书籍。作文大赛活动规划得这么系统，是很多人当初没有想到的。也许，还有精彩的部分在后头呢。

10年时间、10个主题："事•刻骨铭心的求学一二事""师•最难忘的中小学恩师""时•逝不再来，青少进行时""校•我心深处的平川中学""家•真言，我的父亲母亲""界•站高望远，我眼里的广阔世界""窗•正在经历的同学情""言•语言的力量，改变我行为轨迹的一句话""梦•春苗茁壮，我理想""国•现实体验到的祖国"。感谢作文大赛组委会的老师们，每一年的大赛都精心策划、周密组织，以活动拉动同学们在应试之外参与、体验、思考、感悟和回味语文对生活的意义。

"事—师—时—校—家，界—窗—言—梦—国"，10个主题、10年时间，有人、有事、有情怀，点点滴滴就在真实生活的最深处。

"留心处处皆美景，思考事事皆文章"，借用祖林老师常挂在嘴边的这句话，我想，大赛的另一重要意义也是在时刻提醒着你我：用心生活、用心感悟，用心发现别样的风景，用心思考和创造不一样的人生。

每次大赛的结束都是新的开始，16岁到18岁，人生青少时，同学们未来的路很长，也正有青春的梦想。"振荣杯"和"远谱杯"作文大赛让我们铭记平川一代代普通教师的无私奉献、高风亮节，激励我们放眼天下、心怀祖国，以普通劳动者的真挚情怀学习奋斗、一路前行，在路上遇见最美的自己与风景，在路上寻找诗和远方。

刘小英

2018年12月30日，广州